성공이 뭔지 몰라도
일단 성공하고 싶다

성공이 뭔지 몰라도 일단 성공하고 싶다

김대영 지음

취업, 인간관계,
돈 관리에 서툰
90년대생들을 위한
인생 꿀팁

생각의힘

늦지 않았습니다

제가 말 걸고 싶은 사람들이 누군지 떠올려 봤습니다. 나이는 이십 대에서 삼십 대, 잘사는 집 출신은 결코 아니고 그럴듯한 학벌도 없는 분들입니다. 어떤 식으로 인생을 살아갈지 아직 감이 오지 않는 이들입니다. 저도 십 년 전만 해도 그랬습니다.

요즘은 세상이 하도 빨리 바뀌어서 누구라도 본인을 '낀 세대'라고 생각합니다. 앞서 간 기성세대와도 다르고, 뒤에 올 다음 세대와도 다르다고 생각하지요. 저 역시 마찬가지였습니다. 그러다가 어찌저찌 사십 대 초반이 되다 보니, 시행착오를 통해 배우게 된 것들을 알려 주고 싶은 마음이 생겼습니다.

우려도 있었죠. 이런 의도로 쓰인 많은 책들을 막상 읽어 보면 자기 자랑에 불과하니까요. 그 사람들도 처음부터 그러려고 책을 쓰지는 않았을 겁니다. 살면서 삶에 대한 나름의 통찰과 깨달음을 얻었을 것이고, 그걸 남들에게 전달하고 싶었을 겁니다.

하지만 성공한 이들은 본인이 성공한 딱 그 방식만 올바른 방법이라 믿기가 쉽지요. 보통 자기 성공만 알고, 다른 이의 삶의 사례를 세심하게 지켜본 경험이 없는 경우가 대부분입니다. 그러니 성공이든 실패든 사례를 말할 때 자기 얘기만 주야장천 늘어놓게 됩니다. 결국 자기 자랑을 의도하지 않았음에도, 읽다 보면 자기 자랑과 별반 다를 게 없습니다. 그런 분들에 비한다면 저는 아직 크게 성공한 사람은 아닙니다. 그렇다고 제 삶에 불만이 있는 것도 아닙니다. 작은 성취들이 있었고 여전히 도전하는 과정에 있습니다.

도전이 어느 시점에 성과를 낼 것인지도 정확히 알 수 없습니다. 다만, 운의 역할이 상당할 것입니다. 인생에는 분명히 노력으로만 설명할 수 없는 운의 역할이 큽니다. 예전에 고스톱 판에서 흔히 했던 말처럼 '운칠기삼(운이 칠 할이면 노력이 삼 할)'이란 말이 적절할 겁니다. 하지만 보통 사건이 누적되다 보면 운은 돌고 돌아 공평해지는 경우가 많으니, 결국에는 자기 역량을 키운 사람이 성과를 낼 확률이 상대적으로 높다고 할 수 있습니다. 운만 좋았던 사람이 어려움에 처했을 때와, 역량이 있었던 사람이 어려움에 처했을 때, 둘 중 누가 다시 일어설 확률이 높은가를 묻는다면 그건 뻔한 답이 될 것입니다.

저는 이 책에서 아주 단순한 것들을 전달하려 했습니다. 바로 인생에서 역량을 쌓고, 행운을 본인 쪽으로 끌어오는 기술입니다.

어린 시절에는 저도 좀 더 낭만적이었고, 지식에 대한 열망에 가득 차 있었습니다. 경제학 공부를 깊이 해 재경직 관료가 되고 싶었습니다. 그때는 세상살이에 관한 것은 책으로 쓸 내용이 아니라고 생각했습니다. 이런 것들은 살다 보면 누구나 다 체득하게 되는 것이고, 책으로 써야 하는 건 좀 더 고급스러운 담론과 같은 얘기라고 생각했습니다.

지금은 생각이 다릅니다. 제 생각만 달라진 게 아니라 세상이 제가 어린 시절 생각했던 것과 사뭇 달라졌습니다. 요즘 사람들, 특히 젊은 사람들은 예전 사람들이 살면서 자연스럽게 체득했던 기본적인 것들을 숙지하는 데 어려움을 겪고 있습니다. 예전 사람들은 체험은 풍부했지만 지식이 부족했기 때문에 지식이 있는 사람들을 선망했는데, 지금은 뒤바뀌었습니다. 지식은 여러 방면으로 풍족한데 오히려 체험이 부족한 시대입니다. 책에 적힌 내용이 과연 내가 생각하는 것과 일치하는지 전전긍긍하며 반추하는 시대가 되었습니다.

요즘은 저 같은 사람들을 '디지털 이주민'이라고 합니다. 제 또래는 오프라인만 있는 삶을 살다가 인터넷을 통해 삶이 바뀌는 순간을 맞이했습니다. 오프라인 시대의 많은 경험을 가지고 온라인에 적응했습니다. 그래서 오프라인에서 온라인으로 옮겨 온 이주민입니다.

이후의 젊은 세대들은 '디지털 원주민'이라고 불립니다. 어릴 때부터 온라인 세상을 겪은 이들은 이전 세대와 삶과 경험을 만들어 가는 방식이 전혀 다릅니다. 제 생각으로는 변화가 여기서 끝이 아닙니다. 시간이 지나면 어릴 때부터 스마트폰을 만졌던 이들, 유튜브를 자연스럽게 생각했던 이들도 새로운 '이주민'으로 취급될지도 모릅니다. 그렇게 계속

해서 새로운 세대가 탄생하겠지요.

마케팅이나 장사의 영역에선 우리 같은 '이주민'들에게 '원주민'을 이해하는 법을 가르치는 강의가 가득합니다. 한편으로 일반적인 회사에서는 후배 사원들을 이해하지 못하겠다는 선배들의 푸념 또한 가득합니다. 이렇게 세상이 변했는데 위 세대의 조언이 무슨 의미가 있는지 모르겠다는 생각이 들 수도 있습니다.

저는 그렇게 생각하지 않습니다. 물론 모든 조언이 의미 있지는 않습니다. 앞서 말했듯, 성공한 사람이 말하는 성공담 역시 한계는 있습니다. 하지만 세대를 떠나 기본적으로 갖춰야 할 역량은 분명히 존재합니다.

인사를 예로 들어봅시다. 누군가 '인사 잘해라'라고만 얘기한다면 대단히 '꼰대'처럼 보일 겁니다. 이삼십 년 전만 해도 우리나라에서는 상당히 호들갑스럽게 인사를 해야만 사교적인 사람으로 인정받았습니다. 오늘날에는 눈인사 정도라도 자연스럽게 할 줄 안다면 사교성이 나쁘지는 않은 사람이 됩니다. 인사를 하지 않는 것보다 눈인사라도 하는 편이 낫다는 건 너무나 분명합니다. 이런 것들은 너무 기본적이라

일러 줄 것도 아니었지만, '디지털 원주민'들에게는 어디 가서 배워야 할지 잘 모르는 것들입니다. '인사 잘해라' 정도의 얘기야 아시겠지만, 더 파고들면 이삼십 대가 전혀 들어 보지 못했을 삶의 요령과 전략들이 많습니다.

지금은 이런 역량을 말하는 사람이 없으니 다들 시험공부해서 좋은 학교 가고 자격증 따라고만 합니다. 부모님 세대는 그렇게 살지 않았음에도, 그들 역시 자녀들에게 사회성을 가르칠 방법은 모릅니다. 너는 사회성이 없으니 시험공부를 하라고 하거나, 시험공부 머리가 안 보이면 포기합니다.

그러나 포기하기엔 너무 이릅니다. 이런 역량은 인간에게 수천, 수만 년 동안 기본적인 것이었습니다. 조금만 노력하면 누구나 할 수 있습니다. 가령, 자동차로 가득한 세상에서 여러분이 먼 거리를 최선을 다해 뛰어다닐 일은 없지만, 달리기 능력을 쌓는 데에 별 어려움이 없는 것과 같습니다. 다들 기본적인 역량을 갖추기 어려워하는 시대엔 오히려 이쪽에 치중하는 사람이 특장점을 갖춘 사람이 됩니다. 평균적으로 다들 잘 못하게 되었다고 결코 필요 없는 일이 아닙니다.

이 책을 준비하면서 저 자신만의 경험적 한계에 갇히지

않기 위해 여러 지인들을 만나서 떠들어 보았습니다. 여러 어려움에 대한 토로를 들으면서 이러한 책이 필요하다는 확신을 더욱 강하게 가졌습니다. 인생에 대한 실무적이며 실전적인 지침서가 꼭 필요한 시점입니다.

이 책에 담긴 통찰과 권고는 이해하고 실천하기에 어렵지 않습니다. 하지만 대부분의 사람들이 놓치고 사는 것들입니다. 실천하는 만큼 효과를 볼 것이며, 오 년 이상 지속하면 높은 확률로 작지 않은 성취를 누리게 될 것입니다. 무기력, 울분, 강박적 조급증은 올바른 길을 알지 못하여 생겨난 각기 다른 감정일 것입니다. 노력을 올바른 방향으로 투입하겠다는 결단을 내리는 순간부터 시작입니다.

여러분은 아직 늦지 않았습니다.

4장 꾸준해야 내 것이 만들어집니다

5장 항상 다음을 준비하기

6장 돈, 계획을 세워 불리는 법

7장 시간을 요하는 것들

1장

다르게 생각합시다

저는 이 책에서 교과서나 책에 나오지 않는 이야기, 언론이나 담론에서 논하지 않는 이야기, 시험 좋아하고 책 좋아하는 사람들은 잘 모르는 이야기들을 다루려고 합니다. 말하자면 인생의 실전 기술들을 다루려고 합니다. 우선 이것들이 왜 필요하고 왜 중요한지를 설명하겠습니다.

"우린 어찌 살아요?" 묻는데,
왜 엉뚱한 답만 올까요?

몇 년 전부터 '헬조선'이란 말이 돌았죠. 이 단어만큼 청년들이 한국 사회를 어떻게 느끼는지 단박에 전달하는 단어가 있을까요? 저는 이제 사십 대 초반입니다. 이 말이 처음 돌 때, 주변의 사십 대 직장인 선배들은 더 힘든 나라도 많은데 왜 청년들이 헬조선이라 하는지 이해하지 못했습니다. 그러면서도 야근이 얼마나 힘든지, 가정에서 얼마나 치이는지 푸념들은 꼬박꼬박 했지요. 결국 그들도 마찬가지였던 겁니다. 그리고 채 몇 달이 지나지 않아 그 선배들부터 헬조선이라는 말을 입에 달고 다니기 시작했습니다.

청년들이 보기엔 푸념하는 선배들의 삶조차 부러웠을 겁

니다. 그들 중에는 처자식을 부양하는 대기업 부장도 있었으니까요. 4인 가구의 가장이라니, 청년들에게는 꿈도 꾸기 힘든 능력자로 보일 테지만 그에게도 한국은 헬조선이었던 겁니다. 저는 청년들도, 그 선배들도 이해가 갑니다. 서로 다른 처지로 힘들다고 생각해요.

갑갑함을 토로하면 엉뚱한 답이 돌아옵니다. 도대체 우리는 어찌 살아야 하느냐고 물어보면 크게 두 개의 답이 돌아오죠. 먼저 개인이 '노오력'을 더 해야 한다고 답하는 사람들입니다. 요새는 누가 싫으면 이말 저말 뒤에다 '충(벌레)'을 붙이니, 이런 사람들이 싫을 때에는 '노력충'이라 하기도 하더군요. 아예 부조리한 사회구조를 뜯어고쳐야 한다는 사람들도 있습니다. 이런 이들은 '구조충'이라 불리기도 합니다.

어렵게 다가오는 답은 잘못된 겁니다. 세상살이는 어떤 의미에서는 단순합니다. 보통은 단순한 것들이 더 중요한 것들이죠. 저 답변들은 단순해 보이지만 여러 문제를 건너뛰고 적었기에 어렵게 느껴집니다. 그래서 오답입니다.

'노오력'을 말하는 분들이 하려는 말은 이겁니다. 우리 대다수가 패배자일 수밖에 없다는 것이죠. 그분들에게는 가치 있는 일, 돈 버는 일이 무엇인지가 머릿속에 확고합니다. 그래서 우리에게 어떤 노력을 해야 하는지조차 설명하지 않습니다. 시험공부 열심히 해서 좋은 대학 가고, 이후 전문직이나 공무원 또는 대기업 정규직이 되라는 것이잖아요. 한 사회에서 그렇게 살 수 있는 사람은 어차피 소수입니다. 그 소수에 들지 못할 거면 아무 소리 하지 말라는 것이죠.

사회구조를 고치자는 분들이 하려는 말은 이겁니다. 너희들만 잘살 생각하지 말고 못사는 사람들의 최저선을 함께 밀어 올리자는 것이죠. 저는 그런 세상이 오길 바랍니다. 하지만 우리 대부분은 한 번뿐인 인생을 잘살아 보고 싶어 합니다. 사람은 사회 밖에서 살 수 없지만, 한 사람이 사회 속에서 어찌 사느냐를 가장 크게 결정짓는 것은 결국 본인의 선택입니다. 특히 젊은 시절의 선택이 크게 영향을 미치죠. 그렇다면 젊을 때는 본인이 잘살 수 있는 방법부터 치열하게 고민하고, 도전하고, 스스로의 운과 역량을 충분히 시험해 보는 것이 좋지 않을까요? 결과가 어떻게 나오든 간에, 그 이후에 사회도 바꾸어 보려고 하는 게 더 자연스럽지 않을까요? 정치나 사회운동을 직업으로 삼는다면 또 모르겠지만요.

널리 통용되면 그게 오답인 것도 모릅니다. 정답인데 내가 따라가지 못할 뿐이라 생각하게 되죠. 그래서 정답을 말하기 전에 그 뿌리 깊은 오답의 상식부터 깨부수는 수고를 해야 합니다. 저는 복잡한 걸 싫어하는 사람인데, 어쩔 수 없이 그 수고를 좀 해야겠습니다.

시험공부가 어쩌다
'가성비 갑'으로 여겨지게 된 걸까요?

한국 사람들만큼 '가성비'를 중시하는 이들이 없습니다. 가히 가성비의 민족이라 할 만하죠. 가성비는 '가격 대비 성능 비율'의 준말이니, 싼 제품이 성능이 제법 좋을 때 가성비가 높아지는 것이겠지요. 편의점에서 판매하는 '김혜자 도시락'이 가성비가 좋기 때문에 '혜자하다'라는, 가성비가 좋다는 뜻의 신조어가 탄생하게 됐다지요? 또 저는 국산차가 외제차에 비해 부족함은 있지만 가성비는 참 좋다고 생각하고 있습니다. 그 가격으로 구현하기 어려운 기능을 모두 달고 있고 애프터서비스도 잘 해 주는 편이니까요.

가성비란 개념을 인생의 전략적 선택이란 측면에서도 활

용할 수 있을 듯합니다. 그럴 경우 들이는 시간과 비용과 노력에 비해 얼마나 좋은 결과를 만들었느냐는 의미로 쓰는 것이겠죠. 뜻 그대로 하려면 말이 더 복잡해지겠지만, 그냥 가성비라고 쓰기로 하죠. 다만 우리 모두는 잘살고 싶어 하기 때문에, '가성비 갑'인 전략을 선택하려는 경향이 있다고 말하기로 하죠.

저는 '가성비 갑'을 만들어 내는 전략적 선택에 '최적화 루트'라는 이름을 붙여보았습니다. 일종의 지름길일 텐데, 단지 길인 것만은 아니죠. 게임 '스타크래프트' 세대인 저는 '빌드 오더build order(게임을 승리하기 위해 건물을 짓는 효율적·전략적인 순서)'라는 말을 떠올렸는데, 주변에서는 이 말을 젊은 분들이 잘 모를 거라고 하더군요. '테크 트리tech tree(기술 계통도)'를 그보다 더 잘 알 거라고 하면서요. 널리 쓰이는 '재테크' 같은 단어에 쓰이는 '테크'도 같은 말이죠. 그래서 누군가는 저에게 '라이프테크'라는 말을 써 보자고 제안했죠. 인생에도 기술이 있고, 어느 기술을 발달시켜야 하는지를 결정하면서 자신의 인생 전략이 결정되는 것이니까요. 생각해 보면 우리 인생도 매 순간이 전략적 선택의 연속입니다. 그러한 인생을 숫자로 단순화해 표현한 것이 게임이죠. 경험치를 먹이고 '스탯stats(능력치)'을 쌓는다고 표현을 합니다. 그래서 이미 어떤 청년들은 인생에서 잘못된 선택을 내렸다고 생각할 경우 "망테크亡tech를 탔다"고 말합니다. 여기서 '망테크' 말고 '흥興테크'를 가리키는 말이 '최적화 루트'라고 생각해 봅시다.

한국인들은 게임에서든 인생에서든 '최적화 루트'를 가려고 합니다. 결코 시간을 낭비하려고 하지 않죠. 하물며 주말 등산을 하면서도 빠서리세 느낄 수 있습니다. 여기저기 산을 다녀 보면, 우리나라 사람들은 어디서든 딱 서너 시간만 등산하면 정상을 찍고 내려올 수 있는 루트를 만들어 둡니다. 네 시간이면 아침 일찍 모여서 9시에 출발해도 하산할 때까지 오후 1시밖에 되지 않는 시간이죠. 그 시간 안에 정상 등반이 끝나야 아저씨들은 파전에 막걸리 혹은 국밥에 소주로 점심을 하면서 산행을 마무리할 수 있단 말이죠. 그보다 더 걸리면 어려워집니다. 주말 오전에 함께할 수 있는 산행은 아니게 되죠.

그런데 주말 등산에 네 시간 이상 쓰고 싶어 하지는 않지만, 반드시 정상은 찍고 싶어 한단 말입니다. '가성비 갑'인 최적화 루트를 밟으려고 하는 것이죠. 해발 이삼백 미터 산이라면 서너 시간 만에 정상을 찍고 내려오는 데 무리가 없지만 더 높은 산들이라면 사실 그러기가 좀 어려워요. 그럼에도 네 시간 정도 가파르게 정상까지 갔다 올 수 있는 길이 산마다 있습니다. 최단 시간에 정상을 찍고 올 수 있는 가장 빠른 길이죠.

최적화 루트엔 사람들이 바글바글합니다. 주말에 서울의 산들을 타다 보면 등산이라기보다는 출근 시간의 지하철 승강장을 오르락내리락하는 느낌을 줄 정도입니다. 그래도 등산에서야 사람이 많이 몰려도 서너 시간 안에 정상만 찍고 내려온다면 문제없죠. 적은 시간을 들여 정상을 찍고 왔다는 만족감을 받았으니까요.

그러나 인생의 최적화 루트에 사람들이 바글바글하다면 문제가 커집니다. 명절 연휴에, 고속도로가 가장 빠르다 해서 모두 자가용을 몰고 나왔는데 도로가 꽉 차서 옴짝달싹 못하는 상황에 비유할 수 있지요. 막힐 줄 뻔히 알면서 다들 고속도로로 향한다면 무언가 잘못된 겁니다.

더 큰 문제는 바글바글한 거기가 고속도로인지도 의문이라는 겁니다. 고속도로라면 가장 많은 사람들이 가장 빠르게 이동하도록 하는 목적에 충실해야 합니다. 하지만 우리 사회가 암묵적으로 생각하는 최적화 루트는 그렇지 않습니다. 그 길은 간단히 말하면 '시험을 통한 출세'의 길이라 할 수 있지요. 명문대를 졸업해 전문직 자격증을 따는 루트, 그게 아니라면 공무원이나 대기업 정규직이 되는 루트입니다. 길목마다 시험이 있습니다.

시험공부는 모든 사람, 보통 사람을 위한 길이 아닙니다. 하지만 웬일인지 부모님과 선생님들은 우리가 그 길에 매달려야 한다고 말해 왔죠. 사회 지도층 인사들도 종종 "청년들이 공무원 시험에 올인하는 사회에는 희망이 없다"고 이야기합니다만, 집에 가서 자기 자녀에게는 전문직 자격증 공부를 시켰을 겁니다. 시험공부에 재능도 없고, 부모가 잘살지도 못한다면, 그 길에서 경쟁해서 이길 확률이 얼마나 되겠습니까? 어디서부터 뭐가 어떻게 잘못된 걸까요? 우리가 그걸 다 알아야 잘살 수 있는 것은 아닙니다. 하지만 오답을 벗어나 정답으로 향하려면 정답에 대한 확신이 있어야 하죠. 그래서 그 길이 어째서 오답인지를 아주 쉽고 간략하게 설명해 드리겠습니다.

부모님이 바라는 전문직의 삶은 행복할까요?

어떻게 살고 싶나요? 공부도 썩 잘하지 못했고, 집이 부자도 아니고, 부모님이 엄청 현명해서 내게 맞는 길을 제시해 주지도 않는다면, 어찌 살고 싶을까요?

일단 돈을 좀 벌고 싶겠죠. 부자는 아니라도 중산층처럼은 살고 싶을 겁니다. 벤츠나 포르쉐는 아니더라도, 그랜저나 소나타 정도는 끌고 싶지 않을까요? 집도 자기 소유였으면 좋겠죠. 결혼도 하고 아이를 낳는다면 아이 때문에 경제적으로 절망하지 않을 정도는 되고 싶겠죠.

요즘 이렇게 얘기하면 "형 그건 중간이 아니고 엄청 잘사는 거야"라고 후배들이 말합니다. 그리 되었습니다. 예전의 평범한 소망이 가장 실현되기 어려운 기적으로 여겨지는 시대가 되었죠. 〈아기공룡 둘리〉의 고길동 아저씨가 이제 와서 보니 엄청난 '능력자'였다는 우스갯소리가 있잖아요.

저는 감히 얘기하는데, 이 정도 미래는 우리 중 상당수가 목표로 삼아 도전해 볼 만하고, 실현할 수 있다고 생각합니다. 잘못된 길이 아니라 진짜 고속도로로 나간다면 말이죠.

돈을 우습게 여기면 안 됩니다. 여러분의 부모님 세대는 돈도 중요하지만 공익적인 의미가 있는 일을 해야 주변에서 인정받을 수 있다고 생각했습니다. 그래서 성공의 기준이 매우 좁았죠. 법조나 의료, 그도 아니면 권력에 가까운 일이라야 주변에 자랑할 만하다 생각했습니다. 이제 한국 사회는 시장경제가 제법 성숙했기에 젊은 세대의 생각은 좀 다릅니다. 법을 지키는 선에서 돈만 많이 벌면 '스웩 넘친다'고 생각합니다.

부모님 세대는 자신들이 추천하는 길로 나가야 돈도 따라온다고 말할 테지만, 절대 그렇지 않습니다. 그래서 독립적으로 무언가 해 보려는 친구들은 부모님과 담을 쌓게 됩니다. 다른 현명한 선배들과 교류하는 경우도 별로 없기 때문에 엄청난 시간 낭비를 하게 됩니다. 온갖 시행착오를 겪게 되고, 장기적인 관점을 가지지 못한 채 돈에 눈만 벌게져 불나방마냥 뛰어들다가 대체로 실패하게 됩니다. 제 주변에도 그런 친구들이 많습니다.

변호사 시장과 의사 시장에서도 엄청난 변화가 일어나고 있습니다. 한국 사회의 '최적화 루트', 즉 부모님 세대 선망 직업의 정상에 있는 변호사와 의사도 안전하지 않다는 것이죠. 변호사의 경우는 명문대 법대를 나와 사법시험을 통과한 이들이 아니면 무척 어려워지고 있습니다.

로스쿨 출신, 삼십 대 중반 이하 변호사들은 기존 사법시험 출신 변호사들이 자신만의 네트워크에서 물어 오는 수임료가 큰 건들을 가지고 오기가 어렵습니다. 게다가 변호사 숫자가 엄청나게 늘어났습니다. 이런 조건에서 영업 능력으로 경쟁해야 하는 것이 로스쿨 시대의 변호사들입니다.

의사 쪽은 더욱 심합니다. 높은 매출을 가져오는 핵심이 좋은 장비인데, 기계 몇 대만 들이면 매달 고정 비용으로만 천만 원이 넘게 깨집니다. 게다가 돈이 된다는 과들은 번화가로 진출해야 큰돈을 벌 수 있으니 땅값이 엄청나게 높아집니다. 의사는 변호사와 다르게 엄청난 고비용 속에서 시작해야 합니다.

의사는 노동 강도 또한 매우 높은 직업입니다. 변호사는 업무상 돌아다니기라도 할 수 있는데, 의사는 하루 종일 병원에 붙어서 고도의 정신집중이 필요한 사실상의 육체노동을 하죠. 공부도 잘했고, 많이 했고, 돈을 들여가면서 남들보다 훨씬 긴 기간의 수련을 거쳤는데 그렇게 산다는 것에 대해 자괴감을 느끼는 경우도 많습니다. 의사는 반드시 필요한 직업이지만 개인의 행복추구라는 관점에서 봤을 때 그렇게 매력적인 직업은 아닐 수 있습니다.

공부만 한 전문직들의 세계, 그 정점인 법조계와 의료계에도 파보면 끝에는 사회성이 좋은 사람들이 나옵니다. 서초동에서 법무법인으로 돈을 가장 많이 버는 사람들 중엔 고졸이 반수라는 식의 말이 있습니다. 마찬가지로 병원도 고졸 출신의 자산가가 주인인 병원이 많습니다. 자격증이 있는 사람을 원장으로 앉혀 월급을 주고 나머지는 자기 몫으로 가져가는 것이지요. 사람과 사람을 연결해 커다란 사건을 수임해서 변호사에게 소개해 주거나, 의사 네트워크를 활용해 의료기계를 영업하는 사람들이 돈을 벌고, 자기 사업을 일구어 냅니다. 대부분의 변호사와 의사는 영업을 못 합니다. 변호사는 업무상 사람을 만나고 돌아다니니 연차가 쌓이면서 나아질 여지가 크지만 하루 종일 병원에서만 일하는 의사는 그마저도 어렵습니다.

우리 부모님 세대가 아는 것은 자기들 또래에서 대학을 나온 드문 친구들이 걸어갔던 길입니다. 전문직이라 해도 부모님 또래의 전문직입니다. 당시는 대학에 가는 사람이 무척 적었기 때문에 집에 여유가 있거나, 악착같이 공부한 이들만이 그 루트를 탔습니다. 상당수 부모님들 입장에서는 자신들도 그 사람들 못지않게 똑똑했지요. 그러니 집이 잘살거나, 이기적일 만큼 집안의 지원을 끌어내 억지로 대학에 간 이들의 승승장구하는 삶이 너무나 부러웠을 겁니다. 부모님들은 그러면서 자녀 세대에게 우리가 대학을 보내줬는데 왜 그만큼 잘살지 못하냐고 묻습니다. 환장할 노릇입니다. 지금은 너무 많은 사람들이 같은 루트에만 몰려 있습니다. 고속도로도 아닌 곳에 차량이 몰려 이러지도 저러지도 못합니다.

소위 '잘나간다'는 사람들 얘기를 하니 '그래도 우리보단 낫잖아?'라고 생각하셨나요? 그 사람들이 들인 시간과 노력과 지금도 느껴야 하는 경쟁의 압박을 생각하면 그렇지도 않습니다. 많은 부모님들은 '네가 세상살이를 잘 모르니 공부라도 열심히 해서 내가 말하는 이 길을 가라'고 합니다. 공부만 하면 험난한 세상살이에서 면제될 수 있는 것처럼 말합니다. 이제는 전혀 그렇지 않습니다. 어느 길을 가든 세상살이를 알아야 하기에, 시험에 재능이 없는 젊은이들을 시험공부로 출세하는 길로 모는 것은 위험부담이 큽니다. 차라리 세상살이를 배우게 하는 것이 훨씬 쉬운 방법입니다.

결국 그런 직업들은 그저 부모가 자랑하기에 좋은 직업일 뿐입니다. 여러분의 행복과는 상관이 없습니다. 변호사들 중에선 형식적으로 개업만 했을 뿐 별다른 소득이 없는 이들도 많습니다. 변호사는 의사처럼 개업에 돈이 많이 들지는 않으니까요. 자녀로서 오랜 기간 본인의 공부에 돈을 써서 뒷바라지할 수 있었던, 형편이 좋은 부모님에게 '할 만큼 했다'고 할 정도의 처지만 된 셈이지요. 물론 법조인 자식에 로망이 있던 부모님이라면 그것만으로도 행복해하지요. 그렇게 변호사가 된 이들은 소득이 적더라도 나쁘지 않을 수 있습니다. 부모님 재산이 충분하다면요. 앞으로 그런 변호사는 더 늘어날 겁니다. 하지만 그건 결국 자립하지 못한 삶이 아닐까요? 저는 제 부모님이 넉넉한 형편이라도, 그 형편에서 가능한 지원으로 다른 일을 하는 게 더 낫다는 생각이 듭니다. 그리고 우리 대다수는 그런 부모님이 없지요.

시험공부로 성취하는 전문직 모델을 표준으로 떠받드는 세태 아래엔 삶을 낭비하는 수많은 청년들이 있습니다. 자격증 공부를 종류만 이 년마다 바꿔 가며 십여 년 공부하는 이들도 있죠. 회계사 공부 했다가, 법무사 준비했다가, 노무사 학원 다녔다가, 감정평가사로 바꿉니다. 어디 중소기업에 뛰어들어 삶을 개척하는 것보다는 공부에 매진하는 것이 꿈을 향하는 것 같고, 부모님도 자기 친구분들에게 '내 자식 자격증 공부 한다' 말하기를 더 편하게 여깁니다. 크게 보면 대학원에서 하릴없이 시간을 보내는 수많은 청년들도 비슷합니다. 그 친구들 스스로는 자기들 연배에선 정규직 교수가 거의 불가능하다는 것을 알고 있지만, 부모님들은 자기 친구들에게 '교수 되려고 준비한다'고 소개할 겁니다. 본인이 학문의 길을 걷고 싶다면 그 길을 가야겠지요. 하지만 다른 확신 없이 그저 삶을 계속, 계속 연기해서는 안 됩니다. 당장 그런 길들에서 빠져나와야 합니다.

뛰어들어야 역량이 생기고 기회가 생깁니다

그래도 시험공부가 도움이 될 거라 생각하는 이들이 많겠죠. 좋은 대학에 가기 위한 공부, 전문직 자격증을 따기 위한 공부, 공무원 시험이나 대기업 공채를 위한 공부, 설령 붙지는 못하더라도 이렇게 위로 올라가려는 공부를 해야 실력이 나아진다고들 말합니다. 부모님 세대도 그렇게 말할 것이고, 그 공부를 직접 열심히 해 본 이들도 그렇게 느낄 겁니다.

이 얘기도 들었습니다. 어찌 되었든 공부는 준비일 뿐입니다. 시험공부를 하는 과정은 아기가 인큐베이터에 머무르는 과정에 비유될 수 있습니다. 어디에서 무언가를 잘하느냐는 준비과정에서가 아니라 뛰어든 후부터 본격적으로 결판이 나게 되죠. 준비를 더 잘하면 실전에서 잘할 확률이 높아지기는 하겠지만, 그래 봐야 준비일 뿐입니다. 오늘날 청년들의 취업준비 기간은 과거에 비해 훨씬 길어졌는데, 그렇게 해서 회사에 입사하면 바로 제 몫을 다하는 유능한 인재가 될까요? 그렇지 않다는 것은 모두들 압니다. 취업준비 기간이 길어진 이유는 일자리가 부족해서입니다. 청년들 책임이 아닙니다. 슬프고 답답한 노릇이지만, 준비를 길게 한다고 뭔가를 성취한 것은 아니라는 겁니다.

업계에 뛰어들면 그때부터 다시 시작입니다. 시험공부로 연마했던 것들은 사라지고, 훨씬 더 기본적이고 단순한 역량으로 승부를 보게 됩니다. 전문직이 되든 대기업에 가든 중소기업에 가든 마찬가지입니다.

앞으로 설명하겠지만, 어디로 가든 기본적인 역량이 있는 이들이 그 체제에서 높이 올라갑니다. 사람들에게서 무언가를 얻어야 합니다. 시험공부를 오래 했던 이들은 그런 부분을 도외시합니다. 준비가 하나도 안 되어 있습니다. 생각을 해 본 적도 없고, 그래서 행동을 안 합니다. 생각을 해도 그게 행동이 되고, 습관이 될 때까지는 시간이 한참 걸리는데 말입니다.

요즘 중견기업엔 우울한 신입사원들이 많이 보인다고 합니다. 저보다 약간 어린 삼십 대 후반의 후배들이 그렇게 말합니다. 몇 년 선배인 자기들이 보기에 새로 들어오는 이들은 쓸데없이 '고스펙'인 신입사원입니다. 취업준비를 더 오래 해서 입사 연도가 꽤 차이가 나도 나이로는 별로 차이가 안 납니다. 이를테면 입사 연도로는 칠팔 년 후배인데 나이는 서너 살 어릴 뿐입니다. 그래서 대하기는 힘든데, 할 줄 아는 것도 없다고 합니다. 말도 잘 안 통합니다. 슬퍼 보이기는 하는데 은근히 선배들을 무시하는 티를 보이니 이쪽에서도 기분이 언짢습니다. 그런 이들이 정말로 많다고 합니다. 이건 내가 입을 옷이 아니고, 나는 잠깐 여기에 있는 것이라 생각하는 겁니다. 그 조직 안에 있는 모든 사람들을 우습게 여기면서 말입니다.

오랜 시험공부가 만들어 낸 인간형이 그런 것입니다. 자신은 시간과 노력을 많이 들였기 때문에 누군가 그 가치를 알아보고 데려다가 자신이 만족할 수 있는 수준의 대우를 하는 사무직으로 써야 한다고 생각합니다. 시간과 노력뿐 아니라 그렇게 하지 못한 또래에 비해 돈도 많이 들였지만, 그 돈이 부모님 돈이었다는 생각까지 하지는 않습니다. 자괴감과 뒤틀린 우월의식이 함께 있습니다. 모두들 시험만을 노리고 준비를 과하게 했기 때문에, 사실 아주 특수한 영역에 적합한 기질을 가진 사람들이 다수이고, 그것이 표준인 것처럼 되어 버렸습니다. 다들 그것을 따라해야 하는 것처럼 되어 버렸습니다. 달리 보면 그 길을 가지 않은 이들에게 기회입니다. 사실 그 길은 표준이 아닙니다. 사회의 아주 작은 부분일 뿐이고, 그 바깥 영역이 훨씬 넓습니다. 그걸 깨달아야 그 바깥에서 제대로 된 노력을 기울일 수 있습니다.

중견, 중소기업에선 배울 게 없을까요? 그곳에 있는 모든 사람들을 멍청하다고 한심해하면 자신이 얻을 게 있을까요? 시험공부를 다시 해 이직하는 방법이 가장 빠른 길일까요? 재벌가 자녀가 아니고서야, 중소기업 사장 정도는 우리가 충분히 노려 봐야 할 미래입니다. 언젠가 본인이 그쯤 성공할 거라고 굳게 믿는다면 그 일이 하찮은 일일 수 없습니다. 그런 사람들 속에 들어가서 부대껴 봐야 그 사람들을 알게 됩니다. 정확하게 알아야 그 사람들을 부릴 수도 있습니다. 사람들을 깔보고 적당히 거리를 두면 얻는 것이 없고 스스로의 손해일 뿐입니다.

그러니 준비 시간을 줄이고, 실전에서 먹힐 기량들을 익혀야 합니다. 요즘 명문대생들은 취업시험에서의 소위 블라인드 테스트라는 것에 불만을 느낀다고 합니다. 공정하지 않다고 느낀다는 것이죠. 중·고교 시절 열심히 공부해서 본인이 획득한 지위와, 그렇게 해서 들어간 학교에서 공부한 것들이 대단하다고 생각하나 봅니다. 하지만 학교 이름을 가리면 불안하다고들 하니 실제로는 기량이 대단치 않다는 사실을 알고 있나 봅니다. 우리는 이름이나 자격증이 아니라 기량을 추구해야 합니다. 그래야 무엇으로 가리든 뚫고 나가는 송곳이 됩니다.

삶은 문제해결의 연속입니다

현실을 직시합시다. 인정할 건 인정하고 돈을 버는 전략을 짜야 합니다. 명문대 출신들이 선망하는 시험공부의 길이 내게 답이 아니라서 다른 길을 간다고 칩시다. 그 길은 일이 년 안에 그들을 따라잡을 수 있는 길일까요? 그렇다고 무슨 십 년, 이십 년 노력해야 겨우 이룰 수 있는 것도 아닐 겁니다.

저는 오 년 정도를 계획하는 것이 적절하다고 생각합니다. 그 이상의 계획은 요즘 세상에선 무의미한, 누가 계획을 세우라고 하니 억지로 세운 지나친 장기 계획입니다. 본인에게도 긴장감이 없습니다. 딱 오 년만 다음처럼 계획하고 실행한다고 생각해 봅시다.

- 어느 업종이 돈이 되는지, 내 적성과 일부분이라도 맞는 업종인지를 살펴본다.
- 당장은 돈보다는 능력과 기회를 계발하는 쪽으로 선택한다.
- 동문회든 동아리든 내게 기회를 줄 사람들이 많은 곳이 어딘지를 파악하고 공략한다.

이렇게 계획하고, 이삼 년만 계획한 대로 행동하면 본인이 나아지는 게 서서히 눈에 보이고 전에 없던 기회가 찾아오리라 믿어야 합니다. 이런 식으로 꾸준히 실천할 수 있는 계획을 세우고 행동하는 이들은 거의 없습니다. 그러니까 우리 모두에게는 승산이 있습니다.

예전에 사업을 새로 시작하는 후배들에게 사업에 대해 이렇게 말하곤 했습니다. 사업이란 한마디로 문제해결의 연속이라고 말입니다. 사람들은 일을 벌이면서 '왜 이렇게 자꾸 문제가 생길까' 하고 괴로워합니다. 하지만 그건 원래 그런 겁니다. 크게 보면 삶 전체가 문제해결의 연속입니다. 본인이 공부를 못 해서, 좋은 대학엘 못 가거나 대기업에 취직을 못 해서 그렇다고 생각하지 마십시오. 그랬더라도 문제가 계속해서 터져 나오고 이를 해결해야 하는 것은 마찬가지입니다. 시험공부를 할 때면 공부하는 과정만 지나가면 문제가 다 해결되고 태평성대가 올 것 같은 착각을 하기 쉽지만, 세상에 그런 것은 없습니다. 오히려 전문직에 종사하는 사람들은 문제가 계속 터져도 상대적으로 자괴감에 빠지는 경우가 적습니다. 시험공부에서 성공한 이들이기 때문에, 시험공부에 실패해서 이런 일이 생겼다는 생각으로 빠지지 않기 때문입니다. 불안, 불만, 고난함, 자괴감이 밀려올 때는 '원래 그렇다'는 생각을 합시다. 삶은 정말로, '원래' 그렇습니다.

2장

기반이 없을 때의 기술들

삶에 영향을 주는 것에 자본만 있는 것이 아닙니다. '현질'을 하면 게임을 더 유리하게 할 수 있지만, 게임에 현질이 전부가 아닌 것처럼요. 이런 상황을 고려한 조언이 2030의 삶에 보탬이 될 거라고 생각합니다.

인생이 너무 싫을 때가 있었죠?

가진 게 없는 젊은이라면 누구나 사는 게 너무 싫을 때가 있을 겁니다. 2000년대 초에는 저 역시 이십 대였는데, 그때 저는 오르막을 한참 올라가야 하는 동네의 월세방에 살았습니다. 지금은 다 재개발이 되어 아파트 단지로 변한 동네죠. 제 방은 갈색 철문을 열고 들어가는 단칸방이었는데, 겨울에는 그만 그 철문이 얼어붙곤 했었지요. 얼어서 열쇠가 들어가질 않아 가스배관을 밟고 올라가 들어가곤 했습니다.

그렇게 들어가도 물을 끓여서 문손잡이에 부어야 했어요. 얼음이 녹고 문이 열리면 다시 제대로 닫을 수 있었는데, 부은 물이 어느샌가 또 얼어 있곤 했습니다. 그러니 다시 밖으로 나가려면 물을 또 끓여야 했지요. 그런 집에서 겨울을 보내면서도 먹고 싶은 건 다 시켜 먹었습니다. 그럼 더 번거로워졌죠. 음식이 배달 오는 시간에 맞춰 물을 끓여야 했으니까요. 그런 집에 살다가 반지하 투룸으로 이사했는데, 처음엔 호텔에 온 듯했습니다. 화장실이 실내에 있어서 샤워를 마음대로 할 수 있고 뜨거운 물이 잘 나오는 것만으로도 너무너무 행복했지요.

이게 2002년 월드컵 무렵의 일들인데, 너무 옛날 얘기 같나 해서 주변의 후배들에게 비슷한 경험들이 있는지 물어본 적이 있습니다. 뜨거운 물에 대한 얘기는 다들 있더군요. 남자 후배는 군대에서 전역한 후로는 온수 때문에 곤란을 겪지 않을 줄 알았다고 하더군요. 그런데 직장을 잡은 후 오래된 옥탑방 원룸으로 이사를 가니, 온수 문제가 또 생기더랍니다. 뜨거운 물이 확 나오면 지각을 안 했을 텐데, 샤워기를 부여잡고 삼십 분을 씨름하다가 지각했을 때는 참으로 자괴감이 들었다고 합니다. 커피포트로 물을 끓여서 씻다 보면 요즘 말로 '현자타임'이 왔다는 거죠. '이건 어렸을 적 시골 할머니 집에서나 있던 일인데' 하면서요.

여자라면 가난의 경험에 다른 것들이 더 포개집니다. 여자 후배는 반지하방에 살았을 때 겪은 얘기를 해 주었습니다. 어느 날 방에서 속옷만 입고 있었는데, 누군가 창문 틈으로 유심히 내려다보고 있다는 걸 알게 됐답니다. 너무 놀랐지만 아주 천천히, 거실로 나와서 방문을 닫았다고 합니다. 친구에게 전화를 걸었고 친구가 전화를 받았을 때에야 울음을 터뜨렸다고 합니다. 다시 생각해 보면, 그나마 방과 거실이 분리된 곳이라 다행이었다고 하면서요.

김치에 대한 얘기도 들어 봤네요. 대부분의 청년에게 김치는 집에서 어머니께서 만들어서 주거나, 아니면 사야 하는 것이죠. 어머니께 김치를 받아서 먹는 친구들은 김치값이 생각보다 만만치 않다는 걸 잘 모릅니다. 그래서 어떤 후배는 김치를 너무 먹고 싶었던 시절, 술집 알바를 하면서 몰래몰래 꺼내 먹었다고 합니다. 안주를 내러 들어갈 때마다, 괜히 냉장고에서 조금씩 김치를 꺼내 먹은 거죠. 있는 집 자식들은 절대 겪어 보지 못할, 가난한 청춘의 스산한 풍경들입니다.

가난이 싫은 건 너무 당연한 겁니다

사회가 발전하고 잘사는 이들이 늘어나면서 열패감의 문제는 더 심해졌습니다. 다 같이 못살던 시절에는 현자타임 같은 것을 경험할 이유가 별로 없었죠. 다들 그렇게 사는 게 당연하다 여겼으니까요. 제가 초등학교 다닐 무렵을 생각해 봐도, 동네를 둘러봤을 때 아파트 단지라고 할 만한 것들은 보이지 않았어요. 주변은 다 주택이거나 빌라였고, 아파트가 있다고 해도 오 층 이하의 주공아파트 단지가 대부분이었죠. 하지만 지금은 다릅니다. 2000년대 초 제가 얼어붙은 문을 억지로 열기 위해 뜨거운 물을 붓고 있을 때, 이미 주변에 고급 빌라촌과 한 채당 오 억은 족히 넘을 아파트촌이 즐비했지요. 생활 현장에서부터 열등감과 열패감을 느끼는 사회로 바뀐 겁니다. 매일 그렇게 비교당하면서 열패감은 점점 굳어졌습니다.

나라가 잘살게 되어도 가난은 사라지지 않습니다. 가난의 모습이 변할 뿐이죠. 기성세대는 본인들이 젊었을 때의 기준으로 청년들을 보니, 가난한 청년들이 옆에 있어도 자기들 때에 비하면 훨씬 살 만하다 생각합니다. 그렇다고 그분들의 삶의 경험에서 우러나온 판단에 대해 너무 화를 낼 필요는 없습니다. 우리라도 어려서 겪은 게 그랬다면 비슷하게 생각했을 테니까요. 다만 그 사람들이 현재 우리 사회의 문제를 알지 못한다, 내 문제에 대해서도 전혀 이해하지 못한다, 이렇게 생각하면 그만입니다.

아파트는 일 년이 멀다 하고 계속 많아지고 있습니다. 그리고 예전보다 더 예쁘게 지어져 있죠. 그중 하나도 내 것이 아니라는 게 견디기 어려울 정도로 말입니다. 차를 몰고 서울 시내를 지나다 보면 더더욱 그런 생각이 들지요. 이제 그 아파트들은 한 채에 오 억, 아니 십 억이 넘는 것도 흔합니다. 이건 세대를 초월한 경험일 거예요. 젊은이들이 진짜 가난을 모른다고 하던 기성세대들도 거리에 넘쳐나는 고가의 아파트를 보면 비슷한 생각을 합니다.

아파트는 다른 주거형태에 비해 실제로 더 편합니다. 자동차를 한 대 사려고 해도 아파트가 아니라면 주차에 어려움을 겪습니다. 지하주차장이 있는 아파트에 산다면 비가 엄청나게 오는 날이라도 아무 걱정 없이 출근할 수 있습니다. 회사에도 지하주차장이 있다면 하루 종일 비 한 방울 맞을 일이 없지요. 동네 골목길에 주차를 한다고 생각해 보세요. 제 주차공간을 차지하거나, 가는 길목을 막는 차라도 있으면 전화를 걸어야 합니다. 전화를 건다고 차주가 재깍 나온다는 보장도 없지요. 툭하면 싸움이 일어납니다. 삶이 되게 구질구질해지는 것이죠. 저 또한 그런 상황들이 너무 싫었습니다.

저도 빌라에 살아 봐서 알지만, 빌라는 아파트보다 조금 허술하게 지어집니다. 예를 들어 집 내벽의 내구성부터 확연히 차이가 납니다. 벽 자체가 기준에 못 미쳐 지어졌기 때문입니다. 제가 예전에 살았던 빌라도 벽에 못을 좀 치려고 하면 고정이 안 되고 벽이 푹푹 부스러져 가루가 되어 떨어지곤 했습니다.

아는 후배 하나는 오래된 빌라에 월세로 살고 있는데, 어느 날 갑자기 부엌 싱크대 위 찬장이 무너져 내린 적이 있다고 했습니다. 벽이 허술해 습도가 높고 곰팡이가 생기니 나사못이 헐거워져 무너져 내린 것이지요. 다행히 집에 없을 때 생긴 일이라 아무도 다치지는 않았다고 합니다. 대신 그릇이 잔뜩 깨졌다고 해요.

이건 원리원칙대로 하자면 주인이 그릇까지 물어 줘야 하지만 그렇게는 잘 안 됩니다. 보일러 수리비 같은 것도 마찬가지입니다. 달라고 하는 게 맞지만 물어 주기 싫다고 하면 고소라도 할 겁니까? 계산서라도 보낼 겁니까? 그러다가 집주인이 계약 연장을 거부하면 답이 없습니다. 생각지도 못했던 피곤한 일들이 생깁니다. 후배의 경우 집주인이 찬장은 고쳐 줬는데, 아마 본인이 아는 업자에게 부탁을 하느라 이삼

일이 지나서야 원상복구 되었다고 합니다. 그릇값 얘기는 꺼내지도 못했고요. 찬장을 고쳤다는 것도 태커로 다시 박았다는 것이니 몇 년 지나면 또 무너질 수 있겠다는 생각을 하지 않을 수 없었습니다. 후배는 다만 그때가 오기 전에 이사를 가겠다고 다짐해야 했습니다.

누구든 저런 상황이 너무나 싫고 짜증이 나는 건 아주 당연한 겁니다. 이런 걸 좋아하는 사람이 세상에 어디 있겠습니까? 저도 그랬지만 저런 상황에서 사람들이 처음부터 무슨 오륙십 평대 아파트로 가기를 바라지 않습니다. 스물네 평만 되어도 소원이 없겠는데 그게 안 되는 겁니다.

벗어나려면 돈이 필요합니다. 편히 살 수 있는 아파트를 노린다면, 최소 일이억 원은 필요하겠네요. 그래야 대출을 일억 정도 더해 전세 물량을 구할 수 있습니다. 서울 외곽에서 월세 이삼십만 원 하는 집을 구한다 하더라도 최소 몇 천만 원은 필요합니다. 그래야 보증금이라도 충당할 수 있으니까요.

결국 저 정도만 벗어나려고 해도 수천만에서 몇 억이 필요하다는 겁니다. 그러니 저런 상황에서 빠져나오고 싶다면 엄청난 부자 수준은 아니더라도, 보통 생각하는 중산층 정도의 돈을 벌 전략은 가지고 있어야 합니다.

분노를 잘 다스려야 합니다

이십 대 때부터 정치문제, 사회문제에 관심이 많았습니다. 2002년에 노사모(노무현을 사랑하는 사람들의 모임)에서 열심히 활동하기도 했었지요. 거기서 만난 또래 중에는 계속 정치권에서 활동하는 이들도 여럿 있습니다.

저는 제 삶의 문제가 거기서 해결되지 않는다고 봤습니다. 문에 뜨거운 물을 부으면서 모임에 오가고 있는데, 세상을 바꾸는 공적인 일에 헌신하는 게 삶의 방향일 수는 없었죠. 그런 가치관을 가지고 정치를 열심히 하는 분들을 존중은 합니다만 그건 시간이 오래 걸리는 일일뿐더러 나라는 사람이 원하는 삶을 이루는 길은 아니라고 생각했습니다. 이십 년이 걸릴지 삼십 년이 걸릴지 알 수 없는 데다가, 사회구조 개혁으로 일어나는 분배 형평성의 개선이라면 제가 아무리 열심히 한들 저에게만 혜택이 오는 것도 아니니까요. 공적 활동이라는 게 원래 그런 것이죠. 이런 것을 경제학 용어로는 배제성이 없다, 즉 비배제성이 있다고 합니다. 대가를 지불하지 않은 사람을 제외할 수 있는 속성이 없다는 겁니다. 대부분의 상품이나 용역이 배제성을 가지는데, 배제성을 가지지 않는 대표적인 재화가 공공재이지요. 사회구조 개혁은 그 공공재를 개선하는 일에 해당합니다.

인생이 비루할 때 분노라는 감정은 자연스럽습니다. 하지만 그 분노를 잘 다스려야 합니다. 열패감의 문제가 심해진 요즘 세상은 일종의 '피해자 정서'를 만들어 냈습니다. 본인이 사회적·구조적으로 일종의 피해자일 수 있다는 것을 인지하는 것은 좋지만 그 정서에 너무 붙박여서는 곤란합니다. 분노에 휩싸이면 인생이 더 힘들어지고 서서히 고립됩니다.

본인이 피해자라는 생각에 깊이 사로잡히면, 스스로 아무것도 할 수 없다고 생각하기 쉽습니다. 실제로는 그렇지 않은데도 본인을 철저하게 무력한 존재라고 생각하게 됩니다. 내게 문제를 타개할 기회나 능력이 있다고 생각하게 되면 전적으로 피해자라는 상상을 지속하기가 어렵기 때문이지요. 그래서 일을 맞닥뜨릴 때는 아무 대처도 하지 못하고, 누구에게 부당한 대우를 받아도 항의하지 못하다가, 일을 지나쳐서 망치고 피해는 피해대로 다 입은 다음, 이를테면 집에 와서 인터넷이나 SNS에 내게 피해를 끼친 사람을 욕만 하는 사람이 되기 십상입니다.

아무리 분노의 이유가 타당하고, 분노란 감정 자체에 가치가 있더라도 분노가 자기 인생을 기획하는 데에 장애가 되도록 내버려 둬서는 안 됩니다. 이것만큼은 현실적으로 깨달아야 합니다. 오히려 가진 것이 없을수록 그런 태도에서 빨리 빠져나와야 합니다. 가진 게 없는 사람은 도와줄 이도 없기 때문입니다. 모든 것을 스스로 처음부터 시작해야 하기 때문입니다.

분노를 버려야 한다고 말할 수는 없습니다. 버리고 싶다고 버려지지도 않고요. 오히려 잘 관리해야 합니다. 분노를 자신의 에너지로 전환해야지, 분노에 먹혀서는 안 됩니다. 종종 친구를 만나 서로 분통을 터뜨리면서 관리하는 법을 익힙시다. 하지만 친구가 해 줄 수 있는 것에도 한계가 있습니다. 분노를 적당히 터뜨릴 때 터뜨리더라도 생활 현장에 돌아오면 그 감정을 냉장고에 잘 보관하고 일을 해야 합니다. 냉장고에 넣어 둬야 하는 이유는, 내 마음의 분노가 썩어 문드러질 정도가 되면 남에게도 보기 추한 꼴이 되어 삐져나올 것이라서입니다. 분노를 잘 관리하면서 나의 에너지로 삼아야 합니다.

이십 대엔 누구나 사회성이 부족합니다

요즘은 서른이 되어도 사회적으로는 아이 취급을 받는 것 같습니다. 특히 결혼도 하지 않은 처지라면 더욱 그렇죠. 불과 이십 년 전에 비해서도 크게 달라진 현상입니다. 1990년대만 해도 서른이라고 하면 많은 사람들이 자기 가정을 꾸렸고, 어느 정도 자리 잡고 주위로부터 대접받을 수 있는 환경이었습니다.

어찌 보면 당연한 일입니다. 경제적으로나 인간적으로 독립하기 위해 해야 할 일들은 무척 늘었는데, 적당한 시기에 필요한 경험을 쌓는 일은 더 어려워졌기 때문입니다. 그래서 그런지 요즘엔 성인이 되어도, 그러니까 이십 대가 되어서도 사회성이 부족한 게 흔한 일이 되어 버렸습니다. 이삼십 대에 인간관계에서 여러 경험을 쌓으며 나아가야 하는 법인데, 이런 것을 체험하기가 더욱 어려워졌습니다. 그래서 그런 체험이 중요하다는 사실조차 잘 모르게 되어 버렸지요.

'요즘 젊은 것들'에 대해 혀를 끌끌 차는 얘기라고 생각하지는 말아 주었으면 합니다. 그게 자연스럽고 너무 당연한 일이 되었으니, 우리가 거기서부터 출발해야 한다는 얘기로 들어 주시기 바랍니다.

1990년대 중반에 저는 고등학생이었는데 그때만 해도 공부도 잘하고 운동도 잘하면서 술도 마시는 그런 친구들이 꽤 있었습니다. 십 대 때 일부러 술을 마시라는 얘기가 아닙니다. 그때만 하더라도 그 나이만 되면 부모와 학교라는 울타리를 넘어서 별도의 자기 경험을 하는 일이 흔했다는 걸 말하고자 함입니다.

이른바 사회생활의 경험이란 게 사실상 십 대 때부터 시작됐던 것입니다. 지금은 전혀 그렇지 않습니다. 제가 재미있게 읽은 《공부 중독》(엄기호·하지현)이라는 책의 언어를 빌린다면 지금의 청년들은 사실상 무균실에서 자라다가 스물 이후 처음 바깥으로 나오는 것과 같습니다. 또한 과거에 비해서 스물 이후의 경험들, 특히 대학생활 역시 일반적인 사회생활의 경험이 되어 주지 못하고 있습니다. 많은 이십 대 청년들은 막연히 본인이 잘났다고 생각하지만, 자기가 무엇을 잘하고 무엇을 못하는지조차 모르는 상태로 그 시기를 지나치고 있습니다.

인터넷을 보면 가끔 많은 청년들이 본인을 '싸가지 없는 천재'라고 상상하고 있다는 느낌을 받습니다. 이건 일종의 환상이지요. 본인이 인간관계에서 자꾸 모나고 어긋나는 게 본인의 잘못이나 미숙함 때문이란 것을 인정하기 싫어서 자꾸 환상을 만드는 것 같습니다. 이를테면 실수를 한 게 아니라 너무 잘나서 입바른 소리를 한 거고, 그걸 남들이 받아들이지 못한다고 생각하는 것이지요.

이건 정말이지 앞뒤가 뒤집힌 생각입니다. 천재는 흔하지 않습니다. 되고 싶다고 될 수 있는 것도 아니고 심지어 노력한다고 되는 것도 아닙니다. 그리고 역사 속의 천재들을 보면 별로 행복하지도 않습니다. 천재라는 것은 행복하게 살고 싶은 사람들에겐 별로 부러운 대상이 아닙니다. 현명한 이들이라면 오히려 본인이 천재가 아니기를 바라야 합니다. 하지만 당장 불행하기 때문에, 그 이유를 자신이 '싸가지 없는 천재' 부류인 것으로 돌리는 것 같습니다.

그러지 맙시다. 자신의 사회성이 미숙하다면 사실을 인정합시다. 미숙하다는 걸 인정하는 게 모든 성장의 시작이자 가장 중요한 단계입니다. 나 혼자 미숙한 것도 아니고, 요즘 이십 대는 대체로 다 미숙합니다. 미숙하다는 것을 알고 고치려고 해야 삼십 대가 됐을 때 남보다 나아질 수 있습니다.

그다음으로 중요한 건, 지금의 미숙함이 조금 노력하면 개선될 수 있다는 걸 아는 것입니다. 앎이나 믿음이 아니라 나에게도 그게 가능하다는 자기확신을 가져야 합니다. 뭐가 됐든 사회성은 금방 기를 수 있습니다. 누구나 어느 정도까지는 갈 수 있습니다. 우리들 대부분은 평범합니다. 사회성이란 건 평범한 사람들이 어느 정도 노력하면 기를 수 있는 자질입니다. 자전거 타기, 자동차 운전과 흡사합니다. 하지만 자전거 타기나 운전과 마찬가지로 한번 익히면 잘 잊어버리지 않고 삶의 많은 부분에 영향을 미칩니다.

우리 모두가 영업왕이 될 만큼의 사회성을 가질 수는 없습니다. 거기까지 가려면 어느 정도 타고난 성격이 뒷받침돼야 합니다. 하지만 우리가 살아가는 데 도움이 될 만한, 평범한 수준이나 그보다 조금 더 높은 단계의 사회성은 약간의 노력과 꾸준한 훈련으로 충분히 갈고닦을 수 있습니다.

여기까지 안다면 끝난 것입니다. 인생에서 그렇게 중요한 부분이 약간의 노력과 꾸준한 훈련만으로 나아질 수 있고, 요즘 사람들 대부분이 그 중요성을 몰라서 손해를 보고 있다는데, 앞으로 나아지지 않을 도리가 없습니다. 이 작은 노력이 귀찮다고 본인을 '싸가지 없는 천재'라고 상상하는 것은 어리석은 일입니다. 그런 태도가 스스로 성장할 기회를 날리게 됩니다. 이십 대를 다 보내고 서른 살이 되도록 여전히 무균실에서 걸어 나온 갓난아이 같은 상태가 됩니다. 사회성을 훈련한 친구를 삼사십 대에 만났을 때 격차를 느끼게 됩니다. 이제 그 격차는 시험공부를 해서 자격증을 딴다고 따라잡을 수도 없는 것이 됩니다.

사람이 기회를 줍니다

사회성을 갈고닦아야 하는 이유는 간단합니다. 사람이 기회를 주기 때문입니다. 그것도 내 주변의 사람이 줍니다. 나를 이끌어 주는 건 기회인데, 그 기회를 주는 게 바로 사람입니다. 보통은 나보다 나이가 많은 선배들, 이미 돈과 지위를 갖고 있는 사람에게서 기회가 옵니다. 젊은이들이 착각하는 게 뭐냐면, 본인에게 기회를 줄 수 있는 건 재벌 총수처럼 돈과 권력이 아주 많은 사람이라고 생각하는 겁니다. 본인이 쉽게 만날 수도 없는 이들이라야 기회를 줄 수 있다고 생각합니다.

살다 보면 전혀 그렇지 않다는 것을 알게 됩니다. 본인에게 기회를 줄 수 있는, 내가 잘 모르는 사람들이 분명히 있습니다. 돈과 역량이 있거나 곧 그렇게 될 가능성이 높은 사람들과의 인연을 만드는 것은 결코 어렵지 않습니다. 기성세대에 속한 이들 중에서도 학벌 같은 것은 필요 없으니 똑똑하고 일 잘하는 인재가 어디 없을까 생각하는 이들이 정말로 많습니다.

그러니 사람을 대하는 법을 익혀야 합니다. 저는 언제나 이러한 비유를 합니다. 변호사가 된다, 의사가 된다, 각종 자격증을 가진다. 이런 것은 고가의 애플리케이션에 비유할 수 있습니다. 하지만 사람과의 관계를 개선해서 그들에게 호감을 사고 나를 함께 하고 싶은 파트너로 인식하게 만드는 기량은 운영체제 자체를 업그레이드하는 것과 같습니다. 훨씬 더 효능이 있습니다. 고가의 애플리케이션을 장착할 수 없다면 더더욱 이 영역에 관심을 쏟아야 합니다.

사업을 해 보니 더 잘 알겠습니다. 사업을 하다 보면 사람을 키워 쓰고 싶은 경우가 빈번하게 생깁니다. 믿을 수 있는 사람이 필요한데, 검증된 사람은 경영자 입장에선 임금이 너무 비싼 경우가 대부분입니다. 그러므로 우리는 경영자나 일정 직급 이상의 사람이 그런 고민을 하는 경우 기회를 잡을 수 있는 사람이 되어야 합니다. 사실 세상사에선 이러한 방식으로 기회를 부여받는 영역이 굉장히 크고 넓습니다. 이럴 때 결정권을 가진 사람들은 실력 있고 똘똘하기만 한 사람을 고르지 않습니다. 인간적이고 따뜻한 마음을 가진 이들을 좋아하고, 높게 평가합니다.

소위 꼰대를 싫어하고 배척하는 문화가 대세입니다. 물론 꼰대의 태도에는 문제가 많습니다. 자기 삶의 경험을 과도하게 신뢰하고, 딱 그 삶의 경험에서만 모든 것을 판단하는 것이 꼰대의 특질일 겁니다. 그건 아마도 정신이 화석화된 상태에 가까울 겁니다. 죽은 세포로 구성된 딱딱한 껍질 같은 것이지요. 우리는 나이가 들어가면서 그러한 사람이 되지 않도록 노력해야 합니다. 하지만 대부분의 사람들이 그렇게 되기 십상이란 사실 또한 인정하고 배려할 필요가 있습니다. 우리 역시도 자신의 경험 속에서 살아가고 판단할 수밖에 없으며, 그걸 벗어나려는 노력을 하는 것과 별개로 벗어나는 것은 결코 쉬운 일이 아닙니다.

꼰대를 활용하십시오

다들 꼰대를 배척하는 시대에 꼰대를 활용할 줄 안다면 커다란 자산이 됩니다. 뒤집어 보면 자기 삶에 어느 정도 자신이 있기 때문에 꼰대가 된 경우가 대부분입니다. 어떤 의미로든 가진 것이 있는 사람이기에, 그들에게 적당한 선에서 자신을 어필하고 관계를 유지한다면 배울 것이 많습니다. 대부분 꼰대를 원천 차단해 버리는 이들 틈에서 홀로 그렇게 행동한다면 꼰대가 기회를 줄 수 있습니다.

꼰대일수록 자기를 알아주면 엄청 좋아하기 마련입니다. 적당한 인내심을 가지고 맞장구를 쳐 주면 많은 얘기를 이끌어낼 수 있습니다. 아무리 들어 봐도 했던 얘기를 하고 또 하는데 들을 게 뭐가 있고, 무엇을 배우느냐고 생각할지도 모릅니다. 맞습니다. 하지만 거기에도 팁이 있습니다.

꼰대가 혼자 떠들게 내버려 두지 말고 대화를 시도하십시오. 꼰대의 자기 자랑만 듣고 한심해하지 말고 다른 영역에 대해 물어 보십시오. 꼰대가 자랑하는 것은 말하자면 본인의 '이상적 자아' 같은 것입니다. 그런 사람으로 남에게 보이고 싶어 하는 것입니다. 그렇기에 우리는 꼰대에게 다른 질문을 하면 그 사람이 자신이 침해당했다 느끼며 화를 낼 거라고 생각하기 쉽습니다. 물론 그런 사람도 있습니다. 질문하는데 화를 내는 사람은 사회성이 없거나 망가진 사람이므로, 그러한 사람들에게까지 무언가를 이끌어 내려고 노력할 필요는 없습니다. 세상에 사람이 많은데, 성격이 나쁜 사람에게 너무 많은 에너지를 쏟아 가며 지치는 것은 수지타산에 맞지 않는 일입니다.

하지만 대부분의 꼰대들은 젊은이들과의 대화를 좋아합니다. 예상치 못한 질문을 받는 것 자체를 엄청나게 좋아합니다. 본인도 매일 자신이 반복하는 레퍼토리가 지겹습니다. 누군가 꼰대의 말 속에 배어 있는 과거의 사회상 혹은 그가 겪은 업계의 현황 등에 대해 질문을 한다고 칩시다. 그러면 꼰대는 자신의 경험을 더듬더듬 반추해 가며 답을 하게 됩니다. 그는 이제 그러한 지적 자극을 받을 일이 별로 없어 꼰대가 된 것입니다. 나이 든 사람들끼리 만나면 서로 젊은 시절의 옛날 얘기들만 늘어놓는 것이 보통입니다. 몇 번 지켜보면 만날 때마다 비슷한 얘기만 하게 됩니다.

꼰대들은 그런 상황이 싫은 것입니다. 젊은이들은 젊은이들과 놀고 싶어 하지만, 나이 든 사람들 역시 젊은이들과 놀고 싶어 합니다. 그들에게 즐거움과 자극을 주면서 나도 정보를 얻고 그들과의 관계에서 신뢰를 만들어 나갈 수 있습니다.

꼰대는 어디를 가든 있습니다. 그리고 이들 대부분은 의

사결정 권한을 가진 사람들입니다. 돈과 권력이 있는 사람에게만 잘 보이라는 얘기도 아닙니다. 오히려 돈과 권력이 있는 사람들은 아직까지 외롭지 않고, 본인을 떠받들어 주는 사람들 속에서 익숙해져 있을 가능성이 있습니다. 질문에 대뜸 화를 내는 사람일 수도 있습니다. 하지만 그런 이들조차 제대로 된 질문을 하는 이들이 없어 외로워하다가, 젊은이가 자신에게 관심을 가지고 말을 걸 경우 반색하는 경우가 많습니다.

사회적으로 외면당하는 꼰대들이더라도 기회를 줄 수 있습니다. 성공은 재능과 노력으로만 이루어지는 일이 아닙니다. 운도 많이 작용을 합니다. 과거 고도성장기의 한국 사회에선 훨씬 더했습니다. 지식과 경험이 상당하고 유능했는데도 운이 없어 성공하지 못한 분들이 많습니다. 여러분이 대화 속에서 그들의 전문성을 알아차리고 궁금한 점들을 묻게 된다면, 삶의 이력을 타인에게 인정받지 못한 그 꼰대들은 기꺼이 여러분의 조력자가 될 것입니다. 저 역시 그런 분들에게서 배우는 경우가 굉장히 많습니다.

박찬욱 감독의 영화 〈친절한 금자씨〉를 보면 제가 좋아하는 사례가 나옵니다. 배우 이영애가 연기한 이금자는 교도소 복역 중 복수에 도움을 받을 여러 명의 조력자를 만납니다. 그중 한 명은 비전향 장기수입니다. 비전향 장기수는 인민군 포로, 남파 간첩, 조작 간첩 중에 체제 전향서를 쓰지 않아 오래도록 복역한 사람을 말합니다.

이금자는 교도소에서 한 비전향 장기수 할머니의 병 수발을 듭니다. 이전에는 아무도 하지 않은 일이었죠. 그러자 그 할머니는 죽기 직전에 선물이라며 불경을 한 권 건네줍니다. 금자가 불경을 한장 한장 떼어내어 다시 배치해 보니 사세 권총을 만들어 낼 수 있는 공업 설계도였음이 밝혀집니다. 이금자는 이를 이용해서 복수에 성공합니다. 저는 이 이야기가 우리 실생활에서 일어날 수 있는 일에 대한 훌륭한 비유인 것 같습니다. 상황은 극단적이지만요.

인간관계는 정답도 오답도 없습니다

앞서 성공은 재능과 노력으로만 이루어지는 일이 아니라 운도 많이 작용한다고 말했습니다. 이건 객관적인 현실이지만 받아들이기는 쉽지 않습니다. 재능이 뛰어나고 노력이 충분한 사람이 실패하는, 상식에 비춰 보면 불공정해 보이는 일들이 실제로 일어난다는 것을요. 그래서 사람들은 작은 실패에도 쉽게 좌절하거나 남의 성공을 잘 인정하지 못합니다. 그럴 필요 없습니다. 현실은 현실입니다.

우리가 운 자체를 어찌할 수는 없지만, 운을 불러오는 행동들은 분명 있습니다. 많은 경우 운은 사람에게 잘해야 옵니다. 그래서 사람이 기회라는 말이 더 합당합니다. 사람에게 친절하게 대하면, 다른 사람들이 내게 친절을 갚으려고 할 때 예기치 않았던 운이 발생합니다. 친절에 보답하지 않는 사람도 있지만, 갚으려고 하는 사람이 확률적으로 훨씬 많습니다. 어떤 사람들은 그동안 별로 겪어 보지 못한 친절에 감읍해 과분하게 갚으려고 할 것입니다.

저는 동문회나 동호회 등의 모임에서 이 사실을 뼈저리게 느꼈습니다. 사람을 배척하면 안 된다는 것을 말입니다. 대부분의 사람들은 자신에게 관심을 가져 주고 잘해 주면 진심으로 좋아합니다. 보통 다들 외롭기 때문입니다.

1장의 말미에 제가 삶은 문제해결의 연속이라고 말씀드렸던 것을 기억하시나요? 사람과의 관계에서도 그런 방식으로 접근하는 것이 도움이 됩니다. 여러 모임에서 후배들을 보면, 모임 내에서 어떤 이슈가 생기거나 갈등이 있을 때 무슨 일이 일어났는지 설명해 보라고 하면 자꾸 잘잘못을 따집니다. 나는 잘못한 게 없는데 오해를 받았다, 억울한 일을 당했다는 프레임을 만듭니다. 나는 정답 쪽에 서 있고 남이 오답 쪽에 서 있다고 말하고 싶어 합니다.

저는 이것도 사회성의 단련 없이 시험공부의 세계 속에서 너무 오래 살아 형성된 습관이라고 생각합니다. 잘잘못보다는 문제가 발생했다는 것이 중요합니다. 내가 잘했는지 잘못했는지는 중요한 문제가 아닙니다. 시시비비적 접근이 아니라 '문제해결적 마인드'라야 합니다. 어떻게 상대방과 나 사이의 문제를 풀 수 있을까라는 관점에서 접근하면 해법이 생깁니다. 내 의견을 포기하고 접자고 할 것인지, 논리로 설득하기 위해 최선의 노력을 경주할 것인지, 그도 아니면 방법을 아주 바꿔서 갈등을 덜 생기게 할 것인지 아니면 아예 내가 일을 떠맡아서 해 버린다든지, 여러 방도가 생깁니다.

정답이냐, 오답이냐를 따지는 이분법은 담론에서나 해야 할 일입니다. 이분법은 담론에 있는 것이지 인간관계에 있는 것이 아닙니다. 상대방을 나쁜 놈으로 만든다고 해서 다른 사람들이 나를 정답이라 여겨 주지 않습니다. 처음 몇 번은 나를 거들어 주겠지만 그런 사람과 무언가를 만들어 나가겠다고 생각하지는 않게 됩니다.

돈 되는 일을 먼저 시작합시다

일에 대해서도 이후 따로 정리를 하겠지만 먼저 이십 대와 삼십 대에 가져야 할 일에 대한 관점을 말씀드리겠습니다.

일은 크게 보아 돈 되는 일, 하고 싶은 일 그리고 잘하는 일이 구별된다고 할 수 있습니다. 세 개의 원을 그리면 겹치는 공간이 있지만 반드시 포개지지는 않습니다. 사람은 잘하는 일을 하고 싶어 하고, 하고 싶은 일을 반복하다 보면 잘하게 되기도 합니다. 그리고 어떤 업계에서든 잘하는 사람이 상대적으로 더 많은 돈을 벌겠지요. 하지만 얼마나 돈이 되느냐를 따져 보면 업계마다 편차가 있습니다. 이 업계에서 엄청 잘하는 사람이 저 업계의 평균 이하의 사람보다 못 버는 경우도 생깁니다.

헷갈린다면 원을 세 개 그려 놓고 본인에겐 어떤 일이 어느 영역에 해당하는지 적어 보십시오. 그리고 되도록이면 돈 되는 일 쪽에서부터 시작하도록 합시다.

사실 하고 싶은 일은 돈을 번 후에 해도 됩니다. 그리고 어린 시절에 하고 싶다고 생각한 일이 계속해서 하고 싶은 일이 아닌 경우도 많습니다. 아직 무엇을 할 수 있고 무엇을 잘하는지, 자신이 어느 정도 소득에 만족할 수 있는지를 제대로 경험해본 바가 없기 때문입니다.

제 얘기를 좀 한다면 저는 경제학 공부에 로망을 가지고 있었습니다. 누군가 이십 대의 제게 하고 싶은 일을 물었다면 경제 관료가 되어 경제정책을 만들고 싶다고 답했을 겁니다. 하지만 그렇게 될 수 없었습니다. 경제 관료가 되려면 재경공무원을 뽑는 행정고시에 합격해야 했지만 저는 시험을 너무 싫어했습니다. 자신도 없었고, 도저히 할 수가 없다고 여겼습니다. '단순 암기 경연대회'는 정말 자신이 없었고 적성에도 맞지 않았습니다.

여담이지만 혹시나 시험공부를 싫어하고 잘 못하는 분들에게 희망이 될까 봐 조금 더 씁니다. 저는 단순 암기를 극단적으로 싫어했습니다. 그래서 역사, 정치·경제, 지리 이러한 과목에서 제대로 된 점수를 받아 본 적이 별로 없습니다. 시험공부가 너무나 고통스러웠고 하기 싫어서 미치겠다고 생각했습니다. 영어도 싫어했습니다. 단어 외우는 것을 세상에서 제일 싫어했으니까요. 정치·경제는 그래도 일종의 스토리로 재구성해서 익혔고, 물리는 계산을 알아야 하니 조금 나았습니다. 화학은 얄짤없이 싫어하고 못 했습니다. 그런 제 머릿속에도 이온화 경향의 순서인가 하는 것은 주입식 교육의 흔적으로 남았습니다. “칼카나마 알아철니 주납수구 수은 백금….” 대부분 아시지요? 요즘은 어떤 식으로 외우나요?

언어영역은 상위권에는 드는데 최상위권 점수가 안 나왔습니다. 당시 반 오십 명 중 칠팔 등 정도의 점수가 자꾸 나왔습니다. 문제는 공부를 안 해도 그 점수가 나왔다는 겁니다. 공부에 효율이 없으니 재미가 붙지 않았지요. 이삼 등까지라도 가려면 문제풀이 요령을 익혀야 했을 텐데 그러지는 못했습니다.

2004년 말, 이십 대가 저물어 가던 제게 선택의 순간이 왔습니다. 군복무 후 스물여덟에 두 번째로 들어간 대학의 방학 기간에 돈이 없어서 휴대폰 판매 일을 했습니다. 네다섯 달을 한 이후 학교에 돌아가야 하는지, 돈을 벌어야 하는지 잠깐 고민했습니다. 결국 학교를 그만두고 돈을 벌자는 생각으로 제 발로 보험회사에 입사했습니다. 보험 판매를 처음 시작한 중요한 이유가 돈이었습니다. 업계를 살펴보니 한 달에 천만 원, 이천만 원 버는 사람이 생각보다 많았습니다. 부가가치가 높았습니다. 이를테면 매달 오십만 원을 납입하는 연금보험을 팔았다고 하면, 납입 기간은 보통 이십 년입니다. 매달 오십만 원이면 연 육백만 원, 총 일억 이천만 원짜리 상품입니다. 일억 원짜리 물건을 판 셈이 됩니다. 수당이 많을 수밖에 없었습니다. 그런 이유로 저는 어린 나이에 이 일을 시작했습니다.

이제 와서 돌이켜 보고 주위를 둘러보면 이십 대 중후반에 하고 싶었던 일을 나중에 막상 시작했을 때 배신감을 느끼는 사람이 상당히 많습니다. 그 직업의 가치가 무엇인지, 직업을 지탱하는 토대가 무엇인지, 연봉은 어느 정도인지, 조직문화는 어떠한지, 실무에 수반되는 고통은 어떤 것이 있는지를 다 알고 선택할 수가 없기 때문입니다. 내 몸에 맞는 옷이 무엇인지를 명확히 알기 위해서는 이옷 저옷을 실제로 입어 봐야 한다는 딜레마가 존재합니다. 하지만 우리들 대부분은 그렇게 풍부한 경험을 한 후에 직업을 선택할 수 없습니다.

스스로 정말 하고 싶은 일이 명확하게 있는 경우도 흔치 않습니다. 특정 직업이 대강 괜찮다고만 생각하지 오로지 그 일이 아니면 안 된다는 경우는 생각보다 매우 적습니다. 제게는 경제 관료가 되어 정책을 펼치고 싶다는 꿈이 그랬습니다.

예술가가 꿈이라면 길이 또 달라질 것입니다. 직업적 목표에 도움이 되는 길로 가되, 다른 세밀한 영역에서 현실성을 추구하고 사회성을 쌓아야 합니다. 집이 여유가 있고 부모님이 조건 없이 지원해 주지 않는 이상, 예술가와 같은 자아실현의 길을 가더라도 돈벌이와 자아실현을 양립시키기 위해 노력하게 됩니다. 주변에서 본 바로는 밴드 음악을 하는 친구가 휴대폰을 팔거나 부동산 실장 일을 하는 식이었습니다. 그 친구는 그 전에는 디자인에 관심이 없었는데 돈을 벌기 위해 일러스트레이션이나 웹 디자인을 배우고, 그러다 보니 밴드 하는 친구들에게 밴드 로고도 만들어 주게 되었습니다. 그런 식으로 안간힘을 다해 노력하고 있었습니다. 무슨 일을 해서 돈을 벌든, 무슨 일을 해서 자아실현을 하든, 그 고통은 남게 되는 것이 당연합니다.

그런 명확한 방향의 꿈이 있는 것도 아니라면 돈 되는 일부터 시작하는 것이 맞습니다. 보통의 경우 자아실현에 대한 뚜렷한 상이 없기 마련입니다. 뭐가 됐든 그 영역에서 성취를 이루고, 남들에게 인정받고, 어느 정도 돈을 벌며 살고 싶기 마련입니다. 무슨 직업이냐what보다, 그걸 어떻게 했느냐how가 자아실현의 발판인 셈입니다. 앞서 말한 세 개의 원을 기억하시는지요? 이 중에서 잘하는 것과 돈 되는 것의 교집합에 주목하십시오. 그 부분이 가장 승산이 높은, 도전할 만한 영역입니다.

돈 되는 일부터 시작해야 지속할 수 있고, 그 과정에서 기본기가 쌓이고 지식이 만들어지며 사람들과의 관계가 확장됩니다. 또 진짜로 하고 싶은 일을 발견하게 됩니다. 처음부터 막연하게 적성과 자아실현만 생각하고 따라가다간 기초적인 역량이 전혀 쌓이지 않는 경우가 많습니다.

돈을 빌리는 데에도 방법이 있습니다

후배들과 얘기를 하다 보니 젊은 시절 무언가를 해 보려 해도 아무것도 할 수 없을 정도로 궁핍한 상태면 어떻게 하느냐란 질문을 받게 됐습니다.

제 답은 간단합니다. 그 정도로 궁핍하다면 방법이 없습니다. 푼돈에도 이리저리 휘둘릴 처지라면 중장기적인 계획도 세울 수 없고 실천도 할 수 없기 때문입니다.

누가 그걸 모르냐고요? 그렇다면 좀 더 실천적인, 아니 실전적인 조언을 드리겠습니다. 돈을 빌리는 데에도 방법이 있습니다. 돈을 빌릴 수 있는 이유는 간단합니다. 돈 없는 사람에게 너무 간절한 그 돈이, 돈 있는 사람에게는 그리 큰돈이 아니기 때문입니다. 돈 없는 사람의 입장에서는 그걸 알 수 있을 리가 만무합니다. 자기 입장에선 너무 큰돈이기 때문이죠. 이를테면 나에게는 천만 원이 거금이기에 그 돈의 무게감에 눌려 제대로 말을 꺼내지 못하는 것입니다. 그래서 오히려 집이 어느 정도 살았던 친구들이 돈도 더 잘 빌리고, 남에게 불편함 없이 잘 얻어먹기도 하는 역설이 생깁니다. 그 친구들은 정말로 그 돈이 긴급하게 필요하지도 않은데 말입니다.

젊은 시절에 무언가를 시작하기 위해 필요한 돈의 액수를 구체적으로 상정해서, 이천만 원에서 삼천만 원 정도를 빌리는 경우를 한번 생각해 봅시다.

1. 무엇이든지 리스트를 만들어야 합니다. 본인의 전화번호 연락처를 분류해서 내게 돈을 빌려줄 가능성이 5퍼센트라도 있는 사람들을 따로 정리합시다.

2. 큰돈을 빌려줄 가능성이 높은 순서대로 A, B, C군을 나눕시다. 가령 이천만 원을 빌리려면 두 사람에게서 각각 오백만 원을, 다섯 사람에게서 이백만 원씩을 빌

리면 됩니다. 오백만 원에서 천만 원을 빌려줄 수 있는 이들을 A군으로, 이백만 원 이상 빌려줄 수 있는 이들을 B군으로 정합시다. 기타 소액이라도 빌려줄 수 있는 이들은 C군으로 정합시다.

3. 젊음이라는 무기를 들이밀어야 합니다. 이다음 오 년간의 인생 계획에 대한 기획서를 쓰도록 합시다. 기획서를 도내로 배날 발일에 내가 어떻게 살고 있는지 정기보고를 하겠다고 언약하는 것입니다.

여기서 중요한 것은 정기 보고입니다. 돈 있는 사람들은 압니다. 사람이 돈을 빌리고 쪼들리면 연락을 하지 않는다는 것을요. 사실 돈 있는 사람들에게 일이천만 원의 돈 자체는 별것이 아닐 수도 있습니다. 돈 없는 사람에게는 잘 상상이 가지 않겠지만, 실제로 그렇습니다. 그런데 돈을 빌려 놓고 연락을 받지 않기 시작하면 빌린 사람이 갑이 됩니다. 언제쯤 갚을 예정인지 아니면 떼어먹을 생각인지 빌려준 사람이 도저히 알 수가 없기 때문입니다.

세상에 돈을 빌려주고 갑질을 당하고 싶은 사람이 누가

있겠습니까? 천만 원이 부담스러운 금액이 아닐지라도 함부로 돈을 빌려주기 어려운 이유가 바로 이것입니다. 그러니 정기보고를 약속해야 합니다. 젊은이 하나 살린다 치고 무리되지 않는 차원에서 빌려 달라고 하면 됩니다. 물론 거절하는 사람이 더 많습니다. 하지만 상관없습니다. 리스트를 만들고 여러 사람에게 부탁해 그중 내게 당장 필요한 금액을 빌려줄 몇 명만 만들어 내면 됩니다.

약속했던 상환일을 못 지킬 때에도 연락을 해야 합니다. 채무자는 채권자에게 채무의 지연에 대해 미리 연락을 하고, 새로이 약속을 해야 할 의무가 있습니다. 그런데 대부분의 사람들은 머리로는 그렇게 생각하지만 제때 돈을 갚지 못하는 것이 미안해서 연락을 하지 못하게 됩니다. 이건 최악입니다. 연락이 없을 경우엔 신용이 바닥을 칠 것입니다.

그 상황에서 반드시 알아야 할 것은, 먼저 연락해 입금이 지연될 것이라는 사실을 알리고 새로이 약속을 할 경우 되려 신용이 상승할 거라는 겁니다. 대부분은 그런 길을 택하지 않으니까요. 바로 이런 것이 삶의 기술입니다. 그리고 이렇게 단련한 기술은 계속 써먹을 수 있는 여러분만의 자산이 됩니다.

3장

판을 넓힙시다

인간관계를 대하고 구성하는 방식에 대해 본격적으로 다뤄 보겠습니다. 사실 이 책에서 가장 중요한 얘기입니다. 제가 다른 주제를 얘기하더라도 결국엔 인간관계 얘기로 돌아오게 되니 말이죠. 이 장에서는 직장 내의 관계보다 사회적 관계를 중심으로 얘기하도록 하겠습니다. 그게 책의 목적에 부합하기 때문입니다.

초반에는 '막멀티'가 필요합니다

여러 번 말씀드리지만 제가 생각하는 가상의 독자는 집이 못살고 학벌도 신통하지 못한 사람입니다. 헤매는 이십 대의 청춘이거나 서른 정도에 중소기업을 다니며 월수입이 삼백만 원이 안 되는 사람입니다. 이 정도 경우를 염두에 두고 인간관계를 구성하는 방법을 얘기해 볼까 합니다.

먼저 말해 둘 것은 인간관계는 처음에 '막멀티'가 필요하다는 겁니다. 스타크래프트 같은 전략 시뮬레이션 게임을 했다면 알아들을 법한 말인데, 풀어 보자면 일단 무리해서라도 온·오프라인에서 열심히 발품을 팔아 아는 사람의 숫자를 늘려 나가는 일이 필요하다는 말입니다.

문자를 써 본다면 '대수의 법칙law of large numbers'입니다. 이건 통계학에서 쓰는 말인데요. 우리에게 필요한 맥락으로 써 본다면, 숫자를 충분히 늘려 나간다면 그 안에 세상을 담을 수 있다는 의미가 될 겁니다. 교류하는 사람의 숫자를 늘리면 세상의 별의별 사람들이 그 안에 포함됩니다.

인간관계는 일단 마구마구 늘려 나가는 것을 시작으로 삼아야 합니다. 그다음에 줄여 나가야 합니다. 대수의 법칙을 믿어 보라는 얘기입니다. 일단 늘려 보고, 꼴도 보기 싫은 사람, 도저히 계속해서 볼 수 없는 사람을 추리면 됩니다. 어떤 사람을 추려 내야 하는지에 대한 명확한 법칙은 없습니다. 본인의 성격과도 연관되기 때문입니다. 이것도 겪다 보면 알겠지만, 남들은 적당히 견딜 수 있는 누군가의 성격적 특성이, 그의 악덕적 기질이, 나한테는 죽어도 견디기 힘든 것인 경우가 있습니다. 물론 그 반대의 경우도 있겠죠. 나는 그 사람이 좀 우습거나 이상해 보여도 적당히 참고 넘기면서 그의 장점만을 활용할 수 있을 것 같은데, 다른 친구 누구는 죽어도 참지 못하겠다고 말하는 그런 경우도 있습니다.

이런 것을 알게 되는 것 자체가 경험입니다. 자기 성격으로 당장 영 안 되는 것을 갑자기 뛰어넘어 참아낼 수는 없습니다. 그것은 이제 막 걸음마를 시작한 아이에게 뛰라고 하는 격입니다. 또한 남에게도, 영 싫어하는 사람을 나와의 인간관계를 빌미로 억지로 참아 내라고 강요할 수는 없습니다. 그러다 보면 그 사람도 견디지 못하게 되고, 결국 그 사람과 나 사이도 멀어지게 됩니다. 성격에도 궁합이 있다는 사실을 체험으로 파악하고 나면, 이제는 내 지인 누가 누구랑 잘 어울릴 수 있을지, 누구와 잘 어울릴 수 없을지 미리 짐작하는 일도 가능해집니다. 잘 지낼 것처럼 보이는 사람들을 서로 소개해서 잘 어울리는 것을 발견했을 때의 그 기쁨을 알아야 합니다.

그렇게 지내다 보면, 내가 싫어하는 누군가에 대해서 돌아보게 됩니다. 대부분의 사람들이 견딜 수 없을 정도로 악덕한 사람도 물론 있습니다. 그런 사람들까지 억지로 견뎌내란 얘기는 아닙니다. 하지만 다른 사람들과는 그럭저럭 잘 지내는데 내게는 정말 견딜 수 없이 미워 보이는 이가 있다면 어떨까요? 내가 그 사람을 미워하는 이유를 생각해 보게 됩니다. 어쩌면 그의 기질 중 한 부분이, 내가 나 자신의 단점이라 생각하는 것과 너무 흡사해서 그렇게 미운 것일 수도 있습니다. 아니면 내가 대단히 하고 싶은 일이나 되고 싶은 무언가가 있는데, 그가 너무 쉽게 그걸 하고 있거나, 그러면서도 별일이 아니라고 여기고 있어서 너무나도 화가 나는 것인지도 모릅니다. 그렇게 성찰하면 스스로에 대한 인지와 감각이 성장합니다. 나 자신을 최대한 있는 그대로 담백하게 파악하고, 그 모자람을 일정 부분 받아들이면서도 존중하는 마음이 자라게 됩니다. 자아존중감이나 자존감이라고 부르는 것들이 그런 것입니다.

경험으로 감을 익혀야 합니다

인간관계를 늘려 나갈 때, 주의해야 할 사람은 없을까요? 별 생각 없이 가까이 지내다 보면 내게 해를 입힐 사람은 없을까요? 그런 사람이 물론 있습니다. 인간관계를 통해 우리가 추구해야 할 것은 '기브 앤 테이크give and take'입니다. 엄청난 무언가를 교환하라는 것이 아닙니다. 도움이나 호의를 주고받는 습관만으로도 서로 간에 얻을 수 있고 발전할 수 있는 여지가 크다는 것입니다. 그런데 기브 앤 테이크를 제대로 할 수 없는 성격을 지닌 사람들도 있습니다. 말하자면 날름 받아먹기만 하고 도움은 주지 않는 부류의 사람들입니다. 세상에는 그런 이들도 분명히 있습니다.

그런데 그런 사람들이 어떤 특성을 가지고 있고, 그걸 어떻게 가려낼 것인지 경험이 부족한 단계에서는 들어 봤자 소용이 없습니다. 굳이 몇 가지로 서술해 볼 수 있겠지만, 그래 봐야 경험이 없다면 알아들을 수가 없습니다. 저는 이게 그렇게 유형화가 되는 문제도 아니라고 생각합니다. 오히려 가려낼 수 있는 요령을 알려 주겠다고 말하는 사람들은 약장수 약 팔 듯이 말하는 것이라는 생각도 듭니다.

이런 것도 경험을 통해 배워야 합니다. 그리고 배우기 전에는 일단 믿어야 합니다. 믿어야 할 것은 무엇인가. 그것은 기브 앤 테이크를 염두에 두고 살면 결국엔 이득을 얻게 된다는 믿음입니다. 설령 내가 호의를 베풀고 도움을 주려고 한 사람들 중 70퍼센트만 무언가를 돌려준다고 해도, 즉 30퍼센트가 '먹튀(이익만 취하고 빠지는 사람)'이고 70퍼센트만 반응한다 하더라도 이득이 더 크다고 생각해야 합니다. 실제로는 '먹튀'의 비율이 30퍼센트까지 가지도 않습니다. 특정한 영역의 사람들이 서로를 믿지 못하고 등쳐 먹는데 익숙해져 유독 '먹튀'의 비율이 높을 수는 있습니다. 그러한 영역을 발견했다면 설령 무언가를 도모하려고 한다 하더라도 그들을 파트너로서는 일단 거리를 두고 봐야 합니다. 다른 곳에서 데려온 사람들과 일을 하는 것이 더 나을 수도 있기 때문입니다.

비유한다면 어느 정도의 쓴맛도 봐야 합니다. 그것도 어릴 때 겪는 게 낫습니다. 어릴 때 벌이는 일들이 보통 그렇게까지 심각하지는 않기 때문에, 일찍 겪어 봐야 나중에 크게 당하지 않습니다. 몇 바늘 꿰매고 말 정도의 상처가 됩니다. 천만 원, 이천만 원 정도 이상 손해가 안 날 무렵에 경험을 통해 사람을 가려내는 감을 익혀야 합니다.

저는 모든 고통이 삶에 도움이 된다고 말하지는 않습니다. 내가 감당할 수 없는 수준의 고통은 나의 어떤 부분을 파괴하고 배배 꼬이게 합니다. 그런 수준의 고통은 피할 수 있다면 피하는 것이 좋습니다. 하지만 경험이나 자극 자체도 일종의 고통입니다. 그런 일상적인 고통까지 피하고 살아갈 방도는 없습니다. 그런 종류의 고통은 피하려고 하면 할수록 나 자신을 무능하고 무력하게 합니다. 사실 고통이란 감각이 있는 이유는 우리를 괴롭히기 위해서가 아니라 잘 살아가도록 하기 위함입니다. 피부가 불에 닿을 때 느끼는 고통이 없다면, 어린아이는 불장난을 하다가 팔을 시커멓게 다 태워도 아랑곳하지 않을지도 모릅니다. 경험이 자극이 되고, 자극을 감당하고 제어할 수 있는 영역 안에서 인간의 성장은 이루어집니다.

인간은 동물입니다. 육체를 가진 존재입니다. 내 손으로 누군가를 치면, 그도 아프지만 내 손에도 타격감이 옵니다. 타격에는 대가가 있습니다. 타격이란 무엇일까요. 격투기의 관점에서 타격이란, 내 몸의 상대적으로 단단한 부분으로 상대 몸의 상대적으로 약한 부분을 치는 것입니다. 이를테면 무에타이의 로 킥은 본인의 정강이뼈로 상대방의 허벅지를 가격하는 것입니다. 그렇다면 방어란 무엇일까요? 방어란 상대방의 타격을 나의 급소가 아닌 다른 부분으로 막는 것입니다. 타격이 급소에 들어가면 나는 당장에 나자빠지고 무력화될 테니까요.

온라인에 익숙해지고, 게임에 익숙해지고, 스마트폰이 없이는 일상생활이 불가능한 세상을 살다 보면 인류가 태초부터 너무나 자연스럽게 숙지했을 이러한 진실을 망각하게 됩니다. 본인이 육체를 벗어난 존재이며, 누군가를 욕한다 해도 나는 전혀 피해를 입지 않을 수 있는 것처럼 상상하게 됩니다. 물론 명예나 평판의 영역에서 일어나는 일들이 격투기 도장에서 일어나는 일들과 온전히 같을 수야 없지요. 하지만 살아 보면 큰 차이가 없다는 사실을 알게 됩니다. 그런 태도로 살아야 여러 사람과 잘 지낼 수 있습니다.

활용 가능한 단체와 매체는 다 활용합시다

특히 동호회와 동문회는 가능한 한 활용해야 합니다. 동문회의 경우는 젊은 사람들이 별로 좋아하는 조직이 아니지요. 하지만 남들을 따라잡겠다고 하면서 남들이 싫어하는 것 나도 피해 가겠다는 생각으로 살아서는 어렵습니다. 동문회가 젊은이들을 밀어내고 배척하는 공간인 것도 아닙니다. 오히려 젊은이들이 잘 나오지 않으려고 하기 때문에 들어가면 선배들이 무척 잘 챙겨줍니다. 동호회의 경우 등산이나 탁구 혹은 봉사활동처럼 몸 쓰는 일을 함께하는 것이 사람 사귀는 데에 더 큰 도움이 되는 편입니다. 하지만 본인이 다른 특별한 취미가 있다면 그쪽으로 선택하는 것도 괜찮습니다. 해당 취미에 대해 지식이나 경험이 많을 경우 그 동호회에 더 쉽게 녹아들고 더 많은 사람들을 사귈 수 있을 테니까요.

왜 그런 단체들이 도움이 될까요? 우리가 일상에서 만나기 힘든 사람을 만날 수 있게 해 주기 때문입니다. 직업이나 지위라는 측면에서 평소에 만날 거라는 기대를 전혀 할 수 없는 사람들이 그런 영역에 섞여 있기 때문입니다.

동호회와 동문회 이외에 활용할 수 있는 단체나 매체는 종교 단체와 SNS입니다. 종교 단체 역시 동문회와 비슷한 역할을 할 수 있습니다. 종교 단체라고 하면 아무래도 기독교 계열 단체들이 제일 활발하지요. 개신교 중에는 예수교장로회와 기독교장로회 등 여러 분파가 있고 이외에 성공회교회나 가톨릭교회도 있지요. 종교 단체는 익숙한 곳, 덜 싫은 곳으로 나가는 것이 좋습니다. 어려서 가족이나 친척을 따라서가 본 적이 한 번이라도 있는 곳이 아무래도 더 쉽게 적응할 수 있습니다. 기독교가 영 싫을 경우 원불교 같은 단체도 의외로 괜찮습니다. 어쨌든 단체가 형성된 곳에 참여해야 합니다. 불교 계열로는 법륜 스님 같은 명사가 있는 정토회 같은 단체도 잘 조직되어 있습니다. 모두 자기가 지금까지 살아온 영역 바깥에 있는 사람들을 자연스럽게 만날 수 있는 공간입니다. 보통의 삶의 공간에서 섞이기 어려운 여러 종류의 사람들을 두루 만나게 되지만, 어쨌든 동문이거나 종교거나 하나의 공감대는 있기 때문에 더 쉽게 친해질 수 있습니다.

SNS는 어떻게 활용해야 할까요? 아마 이 책의 독자들이 저보다 SNS에 밝고 능숙할 것입니다. 그렇기 때문에 별생각

없이 떠오르는 대로 아무것이나 올리는 경우도 많을 것입니다. 느낀 적이 있겠지만 이제는 SNS도 상당히 중요해졌습니다. 온라인에서 하는 소통이지만 참여하는 다른 이들이 모두 오프라인에도 존재하는 인간이기 때문입니다. 제 후배들 중에서도 SNS에서 만난 인연으로 기회를 잡는 경우가 있었습니다. 비록 고생했을지라도 더 나은 직장으로 옮겨 가는 식으로 일이 잘 풀린 친구들이 있습니다.

SNS를 잘 활용하되, 불평불만에 갇히지 맙시다

SNS의 활용은, 그걸 통해서 자신의 면모를 보여 주고 사람들의 호응을 이끌어 내는 식으로 해야 합니다. 너무 정치적인 얘기를 세게 하면 좀 협소해지는 경향이 있습니다. 딱 그 정치성향에 동의하는 사람들하고만 교류하게 됩니다. 그렇게 쓰는 SNS는 비슷한 사람들끼리 자기 스트레스를 푸는 공간이 되지, 인간관계를 확장할 수 있는 공간은 아닙니다. 제가 독자로 상정하는 젊은 친구는 다른 재주가 별로 없어 인간관계에서 승부를 봐야 하는 사람입니다. 그렇게 남들과 똑같이 살면서 나보다 재주가 많은 남들을 추격할 수는 없습니다.

아마 이렇게 말씀드리면 저보다 SNS에 익숙한 친구들은

"그러면 '본 계정'과 '부 계정'을 구별하면 되겠네요. 본 계정을 인간관계를 확장하는 용도로 사용하고, 부 계정을 스트레스 푸는 용도로 사용하면 되겠네요"라고 말할지도 모릅니다. 그것도 방법이긴 합니다. 하지만 저는 그런 방법을 추천하지는 않습니다. 그게 최선은 아니라고 생각합니다.

두 가지 이유입니다. 첫 번째로, 분리가 생각처럼 잘 되지 않습니다. 사람들은 자기 생각보다 훨씬 자주 실수합니다. 본 계정과 부 계정을 분리해서 살아가기 어렵습니다. 남들은 이미 이 계정과 저 계정이 동일인이라는 것을 알거나 얼추 짐작하고 있는데 모르는 척해 주는 상황일 가능성이 높습니다. 아주 치밀해 보이는 사람도 어이없는 실수를 하는 공간이 온라인입니다. 그래도 굳이 분리하겠다면 본 계정은 페이스북이나 인스타그램에서 쓰고 부 계정은 아예 트위터에서 익명으로 사용하는 식으로 매체 자체를 구별해 버릴 것을 추천합니다.

두 번째는 SNS에 올리는 불평불만이 우리에게 어떤 효용이 있는지, 이 일에 시간을 얼마나 쏟을 것인지의 문제입니다. 시간을 많이 들일 경우 우리의 성격과 두뇌가 SNS 위주로 바뀌어 버린다는 데 문제가 있습니다.

생각해 보세요. 앞에서 제가 조언한 대로 한다고 칩시다. 예를 들어 여러분이 동문회도 다니고 동호회도 다니고 종교 단체도 다니는 사람인데, 그러면서 SNS 계정을 두 개씩 돌리면서 한쪽은 불평불만 용도로 쓸 시간이 날까요? 어려울 것입니다. 그보다는 다양한 인간관계 안의 사람들과 기브 앤 테이크 하며 친해지는 경험 속에서 기쁨을 느끼는 경험을 축적해야 합니다. 그렇게 살다 보면 공통적으로 싫어하는 대상에 대해 함께 쑥덕쑥덕하면서 스트레스를 푸는 행위 자체에 별로 매력을 못 느끼게 됩니다. 인생살이에서 즐거움을 얻는 방식이 바뀌는 겁니다. 요즘 뇌과학 책에선 본인이 사는 방식에 따라 뇌가 변한다고 이야기합니다. 우리가 많이 사용하는 뇌세포가 더 발달한다는 것이지요. 몸을 쓸 때 많이 사용하는 방향으로 근육이 발달하는 것과 같은 이치입니다.

2장에서 분노도 관리되어야 한다고 말씀드린 바 있습니다. 사실 삶에 대한 분노와 불만을 가장 잘 토로할 사람도 얼굴을 맞대고 만나는 사람일 것이라고 저는 생각합니다. 그런 사람들은 여러분의 분노와 불만이 너무 나간다 싶으면 좀 자제해야 한다는 충고도 할 수 있을 거예요. 하지만 SNS에서 실시간으로 지나치면서 공통적으로 싫어하는 것에 대해 공감을 표하는 사람들은 그런 사람들이 아닙니다. 이때의 나는 여러 사람을 만나고 있고, 교류하고 있는 것처럼 보이지만, 딱 내가 싫어하고 짜증 나는 것들에 대해 같이 화를 내줄 수 있는 사람들의 반응만 수집합니다. 대단히 폐쇄적인 자아가 되지요. 거기에 맞춰 주지 않는 타인들은 걸러 버립니다. 그런 사람들의 반응을 이끌어 내면서 형성되는 성격은 인간관계를 잘 만들어 가는 데 오히려 어려움을 줄 것입니다.

내가 어떻게 사는지, 뭘 노력하는 중인지, 요즘 느끼게 된 것들이 무엇인지, 이런 것들을 소소하게 올리도록 합시다. 이렇게 하면 호응을 해 줄 이들이 반드시 생깁니다. 모범생으로 산 시간이 긴 친구들은 이렇게 시키면 너무 예쁜 것만 올리려는 경향이 있습니다. 하지만 제가 도움을 드리고 싶은 독자로 상정한, 시험공부가 싫고 책에도 썩 익숙하지 않은 친구들은 그렇지 않습니다. 자기 냄새를 풍기는 것들을 씁니다. 이런 글쓰기가 잘 안 될 것 같으면 차라리 SNS에 쓰는 시간을 줄이도록 합시다. 제가 조언하는 대로 살면서 글 쓰는 데에 익숙해진다면 이후에 더 잘 활용할 수 있기 때문입니다. 그 방법에 대해서는 4장에서 다시 말씀드리겠습니다. 매번 예쁜 셀카 사진만 올리거나, 육두문자까지 섞으면서 '사는 게 너무 힘들다'라고만 올리는 것은 별로 효과적이지 않습니다. 호응을 받는 방향으로 사용할 자신이 없으면 안 하는 게 차라리 남는 겁니다. 말이란 건 그걸로 조금씩 쌓아 가다가도 한 번에 많은 것을 잃을 수 있기에 그렇습니다.

내 꿈과 목표를 사람들에게 알립시다

그러면 대수의 법칙을 믿고 한번 나아가 본다고 칩시다. 자기 능력껏, 한껏 동호회도 나가 보고 동문회도 나가 보고 심지어 동네 반상회도 나가 보고 다 나가 본다고 칩시다. 일단 넓혀 봅시다. 일단은 넓혀 보고, 도움이 될 줄 알았는데 진짜 한 열댓 번 만나니 도움 되지 않을 이들은 추려 내면서 그렇게 넓혀 본다고 칩시다. 대부분 그렇게 해 본 적도 없을 겁니다.

그렇게 넓혀 가는 과정에서 많은 것을 배우게 됩니다. 별의별 사람들의 얘기를 다 듣게 됩니다. 거기서 추리고, 다시 넓히고, 또 추려내고, 그렇게 됩니다. 그러다 보면 알곡들이 많이 남게 됩니다. 그런데 이 알곡들과 잘 지내려면 어떻게 얘기해야 할까요?

내 꿈과 목표를 사람들에게 얘기하면서 살아갑시다. 여

기에서 먼저 주의할 것은, 너무 비현실적으로 원대한 꿈이어서는 곤란하다는 겁니다. 꿈 얘기를 하라고 해서 세계를 제패하고 싶습니다, 세계 최고의 부자가 되고 싶습니다, 이런 얘기를 하라는 것이 아닙니다. 그런데 요즘은 삶과 경험에 대한 구체적인 감이 떨어지다 보니 꿈 얘기를 이런 식으로 하는 친구들도 의외로 많습니다. 돈키호테 같은 친구들이 꽤 있습니다. 꿈 얘기를 하라고 하면 너무 엄청난 것들을 얘기합니다.

친한 후배가 영화학과를 다녔었는데, 교수가 한 학생에게 꿈이 뭐냐고 물었을 때 "저는 대가가 되고 싶습니다"라고 말했다고 합니다. 터무니없이 들리지만 이런 친구들이 없지 않습니다. 이런 종류의 꿈을 말하는 게 아닙니다. 이런 식으로 말했다간 대가가 되기는커녕 허무맹랑한 소리의 대가를 치르게 됩니다. 그런 건 꿈이라기보다는 망상입니다.

사람이 서로 가까워지려면 나를 먼저 보여 줘야 합니다. 그러는 방법으로 꿈과 목표를 말하라는 겁니다. 이것도 기브 앤 테이크입니다. 나를 먼저 열어 보여야 남들도 경계심을 풀고 자신을 보여 줄 수 있습니다. 기브 앤 테이크로 살아보라는 것의 핵심은 동시에 주고받는다는 게 아닙니다. 가는 말이 고와야 오는 말이 곱다는 격언에 가깝습니다. 그것이 핵심입니다. 금전 관계도 그러는 게 당연하지만, 특히 인간 관계에선 날 먼저 열어 보여야 그도 자기를 열어 보입니다. 그렇게 해야 섞이게 됩니다.

그런데 열어 보이라면 상처부터 먼저 열어 보이는 친구들이 있습니다. 그게 자신의 핵심이라고 생각하기 때문입니다. 이런 접근은 상대방에게 부담을 줍니다. 만난 지 얼마 안 됐는데, 부모님께 맞고 살았어요, 저에겐 이런 큰 아픔이 있어요, 이렇게 어릴 적 상처 같은 것부터 말하면 서로 너무 부담스럽지 않겠습니까. 이건 연애 상담에도 유용할 얘기일 겁니다. 상처부터 말하면 상대방이 부담스러워합니다. 누구에게도 상처를 말해서는 안 된다는 의미가 아닙니다. 상처를 교환하는 것은 서로 다른 걸 먼저 열어 보이고 나서 신뢰가 쌓이면 하는 겁니다.

요즘 젊은 분들의 트렌드가, 과거에 대한 얘기를 하지 말고 현재에 대한 얘기를 해달라고 하는 것이라 들었습니다. 기성세대가 젊은이들에게 말을 걸 때 노상 고향이 어디니, 학교가 어디니 같은 것들만 물으니 그게 너무 지겨워서 그런 것이라 생각합니다. 저는 여기서 한발 더 나아가, 본인의 미래에 대한 얘기를 해 보는 전략을 짜보라는 겁니다.

친한 후배에게 들은 말입니다. 예전에는 그 친구도 친한 선배들이 "무슨 일을 하고 싶냐"고 물을 때가 있어도 "그냥 열심히 살려구요" 하고 말았다고 합니다. 그러면 선배들은 이 후배가 무슨 생각을 하는지 모르니까 "그래, 열심히 해" 하고 말았다는 겁니다. 하지만 본인이 실제로 무언가 하고 싶은 것들, 벌이고 싶은 일들이 생기고, "제가 이런 일을 하고 싶은데 도움을 주실 수 있을까요? 도움 주실 분 소개해 주실 수 있을까요?"라는 식으로 말하게 되자 실제로 도와주는 이들이 생기게 되었다는 겁니다. 이건 너무나도 당연한 겁니다. 이러한 경험을 본인의 것으로 만들어야 합니다. 사람을 만나게 해 줄 사람은 얼마든지 있습니다. 그런 경험을 이끌어 내야 합니다.

이런 식으로 얘기해 보면 어떨까요. "저는 십 년 안에는 제 영역에서 좀 자신감을 가지고 일하고 싶고요. 이 분야에서 인정받는 삶을 살고 싶어요." 이 정도 얘기라면 누구 반박할 사람도 없고, 무시할 사람도 없습니다. 예컨대 십 년 안에 이 업계에서 스카우트 경쟁의 주인공이 되고 싶고, 연봉도 일억 받아 보고 싶고, 부모님 차 정도는 내가 바꿔 드리고 싶고,

공부도 좀 더 해서 석·박사 학위도 받아 보고 싶고, 책도 한 권 써 보고 싶고. 이렇게 말해 보라는 겁니다. 없으면 만들어서라도 해 보라는 것이지요.

이 정도 얘기는 대개의 사람들이 다 좋아하는 얘기입니다. 이런 얘기를 하는 것도 처세술입니다. 딱 이 정도 목표를 가지라는 겁니다. 본인이 공부를 엄청 싫어하는 사람이라면 석·박사나 저술 같은 건 빼고 기능적인 것만 말해도 됩니다. 그리고 '저 좀 도와주십시오'라고 말하라는 겁니다. 이렇게 말을 하고 다녀야 한다고 생각하면 실제로 미래에 대해 무엇을 말해야 할지 고민을 하게 될 겁니다. 그리고 말하기 시작하다 보면 사람들 반응을 보면서 피드백을 할 것입니다. 조금 다르게 말하는 방법도 익히게 될 겁니다.

중요한 건 내 미래를 얘기하라는 겁니다. 현재 얘기만 하면 내가 열려 보이지 않습니다. 미래를 얘기해야 열리게 됩니다. 그래야 그 사람도 열리게 됩니다.

저는 이것을 인간관계에서 '흡수율을 높이는 전략'이라 표현합니다. 저 사람이 내게 먼저 마음을 열었고, 내가 그 마음을 보고 이해를 하게 됐다면 그 사람이 하는 말은 이제 다르게 다가옵니다. 뭐라고 말을 해도 흡수가 잘 됩니다. 무엇을 하고 싶은 건지 알 것 같으니까 같은 말이라도 흡수율이 낮은 남들과는 다르게 생각하게 되고 도움을 주고 싶어 합니다. 흡수율을 높여라. 이번 장 전체의 주제를 요약하면 이렇게 됩니다.

노력하는 과정을 주변에 보여 줍시다

정리해 봅시다. 일단 '막멀티'가 필요합니다. 모든 경우를 다 활용해서 사람들을 일단 많이 만나야 합니다. 추려내고 확장하는 과정을 반복합니다. 그리고 알곡이라 생각된 사람들에게 내 꿈을 얘기합니다. 그렇게 흡수율을 높입니다. 이런 '테크 트리'를 타야 합니다. '막멀티'는 해야 하지만, 모든 사람에게 자기 마음을 털어놓으면 안 됩니다. 이 사람은 흡수율을 높이고 싶은 그런 사람이다, 이렇게 판단될 때 마음을 열어야 합니다.

다음에는 과정과 진척 상황을 보고하는 일이 필요합니다. 이건 2장에서 돈을 빌리는 얘기를 할 때도 말씀드렸습니다만 꿈 얘기에도 해당됩니다. 제가 예상 독자로 상정하고 있는 분들은 자기계발을 계속해야 합니다. 그런데 숨어서 해서는 안 되고, 그걸 자연스럽게 드러내야 합니다. 주변 사람에게 요즘 어떤 자기계발을 하고 있는지를 알려야 한다는 것이지요. 계속 얘기를 해야 합니다. 되게 노력하는 사람이구나, 이런 느낌을 줘야 합니다. 그러니까 꿈과 미래에 대해 먼저 말해 두고, 이후 진행되는 과정을 자연스럽게 보여 줘야 한다는 겁니다. 요즘 뭘 배우고 있습니다! 오 년 후에 이 영역을 마스터하겠습니다! 이런 식으로 하라는 건 아닙니다. 툭툭, 대화 중에 자연스럽게 섞어 줘야 합니다. '요새 이런 걸 배우고 있는데 참 좋더라' '이러이러한 느낌을 받았다' 이런 얘기를 해야 합니다. 그냥 혼자 노력하면서 '세상이 알아주겠지' 하는 자세로는 안 됩니다. 세상은 다른 사람들 일에 크게 관심이 없는 사람들이 대부분입니다. 그래서 노력도 해야 하지만 노력한다는 사실도 알려야 합니다.

이게 필요한 또 하나의 이유는 보통 꿈을 정했다고 해도 이후의 삶이 계획대로 흘러가지는 않기 때문입니다. 꿈에 대해 말하든 미래에 대해 말하든, 우리는 잘 모를 때에 계획을 짭니다. 그러니까 보통 처음의 계획대로는 되지 않습니다.

해 보면 내가 원했던 게 이게 아니고, 내가 이걸 잘할 거 같은데, 그게 아니라 오히려 저기에 길이 있습니다. 요즘 세상에서는 질풍노도의 시기가 이십 대는 물론 삼십 대까지 이어집니다. 오히려 계획이 계속 바뀌는 것이 정상적인 일입니다.

그런데 변화 역시 사람들이 알 수 있도록 얘기를 해야 합니다. 자기가 변한 과정을 얘기를 해 줘야 합니다. 사람들에게 요새 이러저러하게 하고 있다, 그리고 그 과정에서 이런 생각들을 하였다, 그러다 보니 이렇게 바뀌게 되었다고 말해야 합니다.

그렇게 하지 않으면 얼마 전 꿈과 목표를 들은 입장에서는 다소 황당해집니다. '저 사람 얼마 전에는 이거 한다고 했으면서 이번에는 저거 한다고 그러네?'라고 생각하게 됩니다. 허풍 치는 사람이 됩니다.

사람들은 기본적으로 일관성이 있는 사람을 좋아합니다. 하지만 이삼십 대의 인생 계획은 일관성 있게 진행될 수가 없습니다. 일관성은 미덕이 될 수 있지만, 언제나 그런 건 아니라고 생각합니다. 가령 스무 살 때 세웠던 인생철학이 죽을 때까지 일관된다면 좋은 일이고 맞는 길일까요? 적어도 저는 그런 것은 싫습니다. 삶이란 건 변화와 아이러니의 연속입니다. 인생 자체가 그러한데 이를 적극적으로 받아들여 본인도 변화하는 모습을 보여 주는 게 더 낫습니다.

그래서 자기 자신의 변화를 편하게 얘기하는 것이 중요합니다. 과정과 진척 상황에 대한 얘기가 필요합니다. 꿈과 미래를 얘기한 이후, 변화하는 자신의 모습을 드러내면서도 흡수율을 유지하는 방법입니다. 이렇게 하다 보면 자기 자신에 대해 더 생각하게 됩니다.

나 사신의 변화에 대해 계속 얘기하다 보면, 다만 요령만 느는 게 아니라 실제로 그런 걸 할 줄 아는 능력이 향상됩니다. 통찰이 생깁니다.

그리고 다시 한번 강조하지만 남들에게 도움을 주는 것에 적극적이어야 합니다. 자기 깜냥을 지나치게 넘어서 오버를 해도 안 되지만 기본자세는 항상 도움에 적극적이어야 합니다. 그리고 그 모습을 남들에게 보여야 합니다. 내가 도움을 주는 그 모습을 남들이 보고 내게 도움을 주도록 해야 합니다. 남을 돕고 살고, 나 역시 도움을 받는 길을 가야 합니다. '손해를 얼마만큼 감수하면서 도움을 줘야 하느냐'는 것에는 일반론이 없기 때문에 상황별로 다를 것입니다. 감당할 수 있는 깜냥이 늘어나면 그 크기도 더 커지게 되겠지요. 사람들은 보통 남의 깜냥을 어렴풋하게나마 판단하며 살아갑니다. 내가 약간의 손해를 감수하더라도 도움에 적극적이라면 그것 역시 느끼고 알게 됩니다. 남을 도와주는 데 적극적인 태도를 지닌 사람이라는 인식을 남들에게 주면 된 겁니다.

도움이란 건 거창한 것이 아니고 정말로 사소한 것에서 나오기도 합니다. 2장에서 꼰대를 잘 활용해야 한다고 말씀드렸지만, 어르신들은 젊은이가 자기 말을 남들보다 좀 더 잘 들어 주는 것만으로 도움을 받았다고 생각하기도 합니다. 그냥 듣기만 하는 것을 떠나서 듣다가 그때 무슨 일이 있었는지 궁금하다고 질문을 하면 눈이 반짝반짝합니다. 누구도 그걸 궁금해하지 않았기 때문입니다. 젊은이들 입장에서는 어르신들이 살아온 얘기를 듣는 것만으로도 의외로 도움이 되는 부분이 있습니다. 그래서 질문을 하고 답변을 받는 것도 좋은 일인데, 어르신들의 경우 보통 남들이 그걸 물어 주지 않으니 그게 너무 고마워서 자기가 술을 사 주는 입장임에도 또 보자고 말하기도 합니다.

남들을 적극적으로 도와주며 산 사람들은 자기가 힘들 때 남들에게 어렵지 않게 전화를 할 수 있습니다. 반면 평소에 데면데면하게 살았다면 전화로 힘들다는 말조차 하기가 어렵습니다. 도와주면서 살다 보면 도움을 받기 쉽다는 것을 깨닫는 데 걸리는 시간은 의외로 짧습니다. 잠깐만 실천해 봐도 알 수 있습니다.

마음을 보여 주는 데에도 요령이 있습니다

도움 주고 살다 보면 도움 받게 됩니다. 도움을 받으며 살다 보면 고마워할 일들이 또 왕왕 생깁니다. 고마워하는 마음이 있으면 거기서 그칠 것이 아니라 표현해야 합니다. 마음을 보여 줘야 합니다.

마음을 보여 주는 데 가장 좋은 방편은 선물입니다. 살면서 친구들에게 대단히 고마웠던 적이 몇 번 있었을 겁니다. 그런데 그때 그 친구들에게 선물을 준 적이 있냐고 물으면 잘 떠오르지 않을 겁니다. 대부분의 사람들이 그러고 삽니다.

요새는 선물도 온라인으로 하기 쉽습니다. 기프티콘 같은 것으로 편하게 선물할 수 있지요. 하지만 저는 기프티콘보다 더 나은 것들에 대해 말씀드리려고 합니다.

선물에 능숙한 이가 되기 위해서는, 집에 반드시 세 가지가 있어야 합니다. 첫 번째는 택배 박스입니다. 두 번째로는 예쁜 쇼핑백입니다. 세 번째로는 조그만 카드입니다. 이게 집에 스무 개 이상 있어야 선물을 제대로 주면서 사는 사람입니다.

저는 주변 사람들에게 아부를 하라는 게 아닙니다. 무슨 뇌물을 주라는 소리도 아닙니다. 적어도 마음을 표현하면서 살자는 겁니다. 살다 보면 분명히 고마운 경우가 있는데, '고맙네'라고 생각만 하고 끝인 경우가 많습니다. 우리의 고마움이 정확히 사람들에게 전달된다면, 엄청난 힘을 가지게 될 겁니다. 우리가 그 기회를 99퍼센트 날리며 살아가는 것일 뿐입니다.

집에 저 세 가지가 있다면 비싼 선물도 필요 없습니다. 가격은 크게 중요하지 않습니다. 만 원짜리 양말 한 세트로도 됩니다. 여하간 기프티콘보다는 오프라인의 선물이 더 강력합니다.

예를 하나 들어 봅시다. 어머니가 사고가 나서 병원에 가는 바람에 갑자기 병원비가 필요했습니다. 삼백만 원이 필요했는데 친한 형이 급전으로 빌려줬습니다. 보통 그래도 돈 갚으면서 "형 고마워요, 너무 고마워요"라고 말하면서 끝납니다. 그러고 끝입니다. 그렇게 하지 말라는 겁니다. 삼백만 원이란 돈에 비하면 만 원은 사소합니다. 그중 만 원, 이만 원만 따로 빼서 양말 한 세트나 수건 한 세트 사라는 겁니다. 그리고 예쁜 쇼핑백에 담아, 자필 메시지 몇 자 담은 카드와 함께 보내라는 겁니다. 카드 문구는 길게 쓸 필요도 없습니다. 신경 써 줘서 고마운 마음, 덕분에 일이 잘 처리되어서 고마운 마음을 표현하는 정도면 됩니다.

직장에서도 이런 일은 얼마든지 있을 수 있습니다. 예를 들어 내가 실수를 해서 꼬인 일인데, 상사가 더 높은 상사 앞에서 "제가 실수해서 이렇게 됐습니다"라고 하면서 덮어 줬습니다. 이만하면 사회생활, 직장생활에서 엄청 고마운 일입니다. 그러면 앞서 말한 것처럼 선물을 보내면 됩니다. "정말 너무 감사합니다. 보여 주신 배려와 은혜는 잊지 않겠습니다." 이 정도 문구면 됩니다. 선물은 만 원, 이만 원이라도 상관없지만 예쁜 쇼핑백에 담고 카드까지 동봉하면 강력해집니다. 비닐봉지에 담아서 주는 것과는 전혀 다른 게 됩니다. 비싼 선물을 하라는 말이 아닙니다. 이런 식으로 보내면 가령 기프티콘 열 개보다 훨씬 강력한 물건이 됩니다.

마음의 표현으로 소액이지만 선물이라는 방법을 쓰고, 카드 문구와 쇼핑백으로 보강하는 것입니다. 여러분, 생각해 보십시오. 이런 방식으로 삼사 년만 살았다고 생각을 해 봅시다. 삶의 흐름이 완전히 바뀝니다. 양말이나 수건이나 문화상품권 정도면 됩니다. 많아도 삼만 원 이내면 됩니다. 이 액수를 넘어가면 또 받는 쪽에서 부담스러워합니다. 왜냐하면 받는 사람들은 선물하는 젊은이가 돈이 없는 사람인 것을 뻔히 알기 때문입니다.

본인이 소위 명문대를 나와 이름 있는 회사에 들어가서 연봉 오천만 원 이상 받는 사람이 아니기 때문에 더욱 이런 것들을 챙겨야 합니다. 사실 그런 사람들도 남에게 감사를 표현하는 데 능숙하지 않습니다. 대기업에서 일하더라도 결국엔 남에게 잘하는 사람들이 더 잘될 확률이 현저히 높습니다.

우리의 부모님 세대는 이런 것들을 기본적으로 알았던 사람들입니다. 그래서 이런 조언을 하는 경우가 없지는 않지만, 자녀 세대는 세상이 바뀌었다고 코웃음 치면서 듣지 않습니다. 대부분의 이삼십 대가 그처럼 인간관계를 가꾸는 노력을 외면하고 살기 때문에 우리가 실천하고 산다면 막강한 힘을 가질 수 있습니다. 여러분의 선물을 친구가 아니라 십 년, 이십 년 선배들이 받았다고 칩시다. 정말 감동의 도가니가 됩니다. 요새도 이런 애가 다 있네, 합니다.

아무 맥락 없는 선물을 할 필요는 없습니다. 고마운 마음이 일었을 때 선물을 하는 것이 제일 좋습니다. '아무래도 이 친구가 고마워하겠지'라고 상대방이 느낄 타이밍에 선물을 해야 납득을 하고 효과가 극대화되겠지요. 아무것도 없는데 선물을 흩뿌리면 그런 마음이 전달되지 않습니다. 선물이 아니라 뇌물처럼 여겨지겠지요.

경험상 생일이나 명절을 챙기는 것은 별로입니다. 남들에게도 선물을 많이 받을 때이니 그 감동은 n분의 1이 될 뿐이니까요. 특히 명절은 모든 사람의 선물이 다 몰리는 시기여서 배송도 느리고 가장 별로입니다. 다른 선물을 할 시기를 놓쳐서 명절 선물이라도 굳이 해야 한다면, 제일 처음에 보내는 게 그나마 나을 겁니다. 명절 일주일 전쯤 도착하게 말입니다. 이렇게 하면 기억에 남습니다. 그런데 선물이 막 쏟아져 들어올 때 같이 받으면 기억이 안 나기 마련입니다. 명절에라도 선물을 보내고 싶은 사람이 있다면 이런 식으로 하십시오. 그러면 반드시 고맙다는 문자가 되돌아옵니다. 제가 한창 세일즈 할 때 썼던 방식입니다.

흡수율을 높이면 많은 것이 달라집니다

이렇게 마음을 표현하고 사는 것이 너무 가식적인 게 아닌가 생각할 수도 있을 겁니다. 특히 젊은 세대일수록 이런 걸 '낯간지럽다' '오글거린다'고 생각하는 경우가 많은 것 같습니다. 앞에서 말한 '노력충'처럼 '진지충'이라는 반응도 있을 것 같습니다.

하지만 이건 가식적인 게 아니라 정성스러운 것입니다. 고마운 마음이 100 있으면 100으로라도 전달하라는 것에 불과합니다. 대부분의 사람들이 100을 10이나 20으로밖에 표현하고 있지 않을 뿐입니다. 생각보다 사람들에게 고마운 경우는 많습니다. 그 마음을 표현하고 살라는 것입니다. "정말 감사했습니다. 잊지 않겠습니다" 정도로 표현하면 될 걸 "이 엄청난 은혜는 감히 평생 잊지 않겠습니다" 따위로 크게 튀겨서 표현할 필요도 없습니다. 대놓고 아부를 하거나 낯간지러운 짓을 하라는 게 아닙니다. 사실적시면 됩니다. 감사한 마음을 적당하게 표시하는 정도면 됩니다.

이걸 인정하기가 싫으니 마음을 표현하지 않는 것을 '쿨

하다'고 치장합니다. 그럴 필요 없습니다. 접근해 보고 겪어 보면 알게 됩니다. 경험하다 보면 그렇게 마음을 표현하는 길에서도 '오글오글'하지 않고 담백한 접근이 있다는 것도 알게 됩니다. 100을 100으로라도 표현하라고 했지만, 하다 보면 120이나 130까지 포장하는 것도 괜찮다는 것을 알게 됩니다.

마음을 나누는 일에도 기술적인 부분이 있습니다. 사실 마음을 나누어야 조직에서든 모임에서든 특별한 사람으로 기억에 남게 됩니다. 특별한 사람으로 기억되면 무엇이 좋아질까요. 나 자신을 내세우고 부각하려고 할 때, 그 사람이 나를 받아들이는 흡수율이 '찐하게' 높아지게 됩니다.

간단하게 생각해 봅시다. 평소에 꿈과 미래에 대한 얘기를 주고받던 사람이 하나 있고, 다른 케이스로 직장에서 업무 얘기만 했다거나, 동문회에서 행사나 모임에 관련된 얘기만 했던 사람이 하나 있다고 칩시다. 내가 이 다음에 뭔가 얘기를 했을 때, 100의 얘기를 했다고 할 때 내가 미처 말하지 않은 행간의 얘기까지 짚어서 받아들이는 걸 흡수율이라고 본다면, 전자와 후자가 같을 수가 있을까요? 전자의 흡수율이 70퍼센트라면 후자는 30퍼센트밖에 안 될 것입니다. 결과적으로 내가 말했을 때 흡수율이 높은 사람들이 얼마나 될 것이냐, 이것이 인간관계에서 대단히 중요한 것입니다.

흡수율이 높아지면 충고를 하는, 이른바 직언이란 것도 잘 먹히게 됩니다. 이를테면 "내가 선배니까 이런 얘기도 하는 건데, 이번엔 선배가 이러저러하게 잘못한 거 같아요" 같은 말에 화를 내기는커녕 쉬이 받아들이고 고마워하는 경우도 생깁니다. 이런 건 어설프게 할 수 있는 일이 아니고 실제로 그 사람을 걱정하고, 그 사람이 더 잘되기 바라는 마음에서 해야 합니다.

함께 사는 세상이라면 되도록 남의 마음속에 깊이 들어가야 생존율이 높아질 것입니다. 이건 기본적으로 모든 사회에서 그럴 것입니다. 친한 친구가 소액을 빌려달라고 할 때 이것저것 묻지 않고 빌려주는 일이 가능한 것도 기본적으로는 흡수율이 높아서 그렇습니다. 말을 안 해도 사정을 대략 짐작하니 '이 정도 일에 이 정도 돈이 필요하겠고, 얼마 지나지 않아서 갚겠구나'라는 신뢰가 드는 것입니다. 행간의 의미를 알고 저간의 사정이 짐작이 되기 때문에 쓸데없는 의심을 하지 않습니다. 진의가 진의로 전달되고, 의심과 경계심이 사라집니다. 이런 인간관계가 많으면 삶이 편해집니다.

결국 인간적 이야기를 나눈다는 것은 흡수율을 높이기 위한 사전작업이라고 생각하면 됩니다. 앞서 말했듯이 과거 얘기나 상처 얘기는 너무 빨리 시작하면 상대방이 부담스러워할 것입니다. 하지만 교류가 깊어지다가 과거 얘기까지 함께 나누게 된다면 관계는 더 깊어질 것입니다.

흡수율을 높이는 일은 커뮤니케이션의 효율을 높이고, 신뢰도를 높이고, 도움을 받을 수 있는 기회도 늘리는 일입니다. 이렇게 살면 호의에 기반한 이 전략을 악용하려는 이들도 나타납니다. 그 정도 피해는 감수합시다. 돌려주는 이들이 훨씬 많습니다. 삼백만 원 정도 빌려 달라고 하면 별다른 얘기 없이 그냥 '쏴 주는' 이들이 생깁니다. 삼천만 원이 아니라 삼백만 원이기 때문입니다. 이 책의 가상 독자는 삼백만 원 정도 소액을 빌릴 일이 많은 사람들입니다. 겨우 이삼백만 원이 필요한데 돈을 구할 길이 없어서 저축은행권 대출이나 카드론의 남용으로 신용등급이 낮아지는 상황을 피할 수도 있게 됩니다.

말의 중요성을 알아야 합니다

인간관계를 강화하고 흡수율을 높이는 과정 전체에 작용하는 것이 '말'입니다. 어렸을 때는 말솜씨가 청산유수 같아야 말을 잘한다고 생각합니다. 지나고 나면 그렇지는 않습니다.

말하기에서 가장 중요한 것은 하지 않아야 할 말을 하지 않는 것입니다. 두 번째가 말을 하되 타이밍을 골라 하는 것입니다. 말을 유창하게 하는 것은 굳이 따진다면 세 번째 정도에 불과합니다.

말을 유창하게 하는 사람을 부러워하지 마십시오. 그 사람이 유창하고 수려한 언변으로 100에 99점을 땄더라도 한 번의 실언이 더 큰 영향을 미칠 수 있습니다. 하지 않아야 할 말의 목록을 만드는 게 훨씬 중요하고 필요한 일입니다. 화려하지 않더라도 필요한 말을 필요한 자리에서 하는 것이 그 다음입니다. 그러면 팔 할의 문제가 해결됩니다. 화려하거나 논리정연하게 말하는 건 나머지 이 할밖에 안 됩니다.

사회생활을 하다 보면 말로 먹고산다는 사람들도 생각만큼 청산유수는 아닌 경우가 대부분입니다. 배우나 성우처럼 말하는 사람은 거의 없다시피 합니다. 그런데 어눌하고 떠듬떠듬하는 말 같은데 그 안에 자기 내용과 통찰을 담는 사람들이 있습니다. 사람들은 거기에 설득되어 같이 일을 하고 돈을 내놓습니다.

연애할 때도 말을 청산유수처럼 하는 이들은 하수입니다. 상대방이 말하기를 유도하고 열심히 떠들게 해야 그의 호감을 이끌어 낸 것입니다. "아, 그래요?"라는 식으로 말하면서 공감을 이끌어 내는 화법이 중요합니다. 대화는 혼자서 하는 퍼포먼스가 아니라 서로의 합을 맞추는 과정입니다.

타이밍을 골라 말을 할 때는 상대방에 대한 칭찬을 적절하게 섞는 것이 좋습니다. 열등감이 많고 인정욕구가 강한 사람들일수록 자기 얘기를 길게 하고 싶어 합니다. 나중엔 얘기할 기회가 없다고 생각하니 기회가 생겼을 때 너무 많은 얘기를 하려고 합니다. 하지만 상대방이 나에 대한 흡수율이 낮은데 얘기를 아무리 길게 해 봤자 무슨 의미가 있겠습니까. 건성건성 들을 뿐입니다. 차라리 말할 타이밍을 고르고 적절한 침묵을 선택하고, 남을 치켜올리는 식으로 말해야 합니다.

억울한 일이 있을 때에도 한 타이밍을 쉬고 나서 얘기하는 편이 훨씬 낫습니다. 역설적으로 그러한 태도가 억울함을 가라앉히는 데에도 도움이 됩니다. 1장에서도 인간관계에서는 시시비비적 관점을 버리고 문제해결적 관점으로 임하라고 말했던 것을 기억하실 겁니다. 한 타이밍을 쉬고 말하라는 것도 그것과 관련되어 있습니다.

가령 제가 조언한 대로 열심히 사느라 동문회의 총무를 맡았다고 칩시다. 동문회 체육대회를 열어야 해서 장소를 예약했는데, 하루 전에 확인차 연락했더니 담당자가 착오를 일으켰습니다. 예약일이 다음 주 아니었냐고, 내일은 이미 다른 단체에 대관을 했다고 합니다. 동문회 회장님이 전화가 와서 이상이 없냐고 확인합니다.

이럴 때에 열에 아홉, 아니 백에 구십오는 "형님, 제가 제대로 잡아 놨는데 여기가 잘못해서 어쩌고저쩌고…"라고 하게 됩니다. 억울하니까 그렇게 됩니다. 이렇게 하면 하수라는 겁니다. 이건 시시비비적 관점입니다. 일단 "제가 더 꼼꼼하게 확인을 못해 이런 일이 생겨서 죄송스럽다" 하고 말씀드리고, "체육대회는 당장 해야 하니까 이러저러하게 해서 더 알아보겠습니다"라고 해야 합니다.

전자처럼 말하는 건 회장님이 듣기엔 '당신이 해결해 보시오'라는 것과 마찬가지입니다. 문제가 생긴 상황에서 그렇게 얘기하면 '어쩌라고'라는 반응이 나올 겁니다. 동문회 회장이 직접 연락해 담당자에게 난리를 칠 수는 없는 일 아니겠습니까. 그래서야 갑질밖에 안 될 것입니다.

후자처럼 문제해결적 관점에서 얘기해도 듣는 상대방이 '아, 그러니까 네가 전부 잘못한 거 맞지?'라고는 생각하지 않습니다. 대체로 상황이 어떤지를 압니다. 그렇지만 두 방법의 차이는 분명해 보입니다. 억울한 부분이 있을 때는 될 수 있으면 한 타이밍 쉬고, 해결 방법을 모색하고, 안 되면 안 되는 대로 비난을 받아도 괜찮습니다. 그 비난이 뭐 엄청나게 대단한 비난도 아닙니다. 한 타이밍 쉬고 비난도 적당히 감수한 이후에 회장님에게 "사실은 제가 좀 억울합니다. 그거를 자기가 다 예측하고 그 순간에 해결할 수 있는 사람이 어디 있겠어요?"라고 하면 이제 말이 됩니다. 저렇게 말하면서 이해해 달라고 하면 열이면 아홉 이상 '내가 그걸 왜 모르겠니'라는 답이 오면서 풀리게 되는 겁니다.

어릴수록 이런 문제해결적 태도를 갖춘 사람은 없다시피 합니다. 그러니 이런 태도를 보이는 사람이 더 많은 기회를 받을 가능성이 커지는 것은 당연합니다.

4장

꾸준해야
내 것이
만들어집니다

어떠한 반복을 내 삶으로 끌어들이고 또 내 삶에서 끊어낼 것인지, 이것에만 주의를 기울여 삼 년에서 오 년간 반복한다면 삶은 분명히 달라진다는 믿음을 가졌으면 좋겠습니다. 그 믿음이 생겨난다면 지금 본인이 설정한 목표가 무엇이고, 본인에게 필요한 것이 무엇인지에 따라 적정한 방법을 찾아내고 적당한 노력을 이끌어 낼 길이 열릴 것입니다.

가외시간을 왜 활용해야 할까요?

자기계발을 왜 해야 할까요? 자기계발이 전혀 필요 없는 상황을 상상해 보면 답이 나올 겁니다. 모든 사람이 성인이 되자마자 고용될 수 있다면 그렇게까지 노력할 필요가 없겠죠. '완전고용'입니다. 고용된 다음에 해고될 걱정 없이 계속 일할 수 있다면 또 노력이 불필요할 것입니다. '정년보장'입니다. 성과와 상관없이 연차가 쌓임에 따라 연봉이 올라가는 체계라면 회사 안에서 그리 노력할 필요가 없겠죠. '연공서열제'입니다.

지금은 세 가지 중 아무것도 보장되지 않습니다. 사실은 저런 것들이 보장되는 사회가 예외적인 경우이며, 한시적인 상태였을 뿐이죠. 보통 경제성장률이 높은 고도성장기에 가능한 일들입니다. 성과를 측정하느라 들이는 비용이 아까울 정도로 당장 일이 많고 노동력이 부족해지면 저런 체계가 갖춰집니다. 지금은 상황이 전혀 다르죠.

저런 시대를 살아온 기성세대의 시선으로 청년층을 재단하는 것도 크나큰 문제입니다. 처한 현실이 전혀 다르니까요. 왜 예전의 자신들처럼 회사에 헌신하지 않느냐고 하는데, 왜 그러겠어요? 예전에는 상사 말을 따라 야근을 밥 먹듯이 하고 같이 회식도 하고 그러는 것이 합리적 선택일 수 있었지요. 그렇게만 하면 이 회사를 끝까지 다닐 수가 있는데 다른 고려를 할 이유가 뭐가 있었겠어요. 지금의 젊은이들을 그렇게 '굴리려면' 돈을 아주 많이 줘야 할 겁니다. 그게 대기업 정규직이겠지요. 혹은 정년보장을 해야 할 텐데, 기업이란 건 기본적으로 망할 가능성이 있지요? 고도성장기엔 기업이 잘 망하지 않았지만, 지금은 그렇지 않으니까요. 그러니 실질적인 정년연장을 약속할 수 있는 건 국가밖에 없습니다. 그게 공무원이겠지요. 그런 곳에 가지 못해 중견기업이나 중소기업에 왔는데 정년연장도 고임금도 없이 어떻게 청년들을 원하는 만큼 부리겠어요. 불가능한 겁니다. 최근 화제가 된 《90년생이 온다》(임홍택)라는 책을 보면 사회생활 시작한 이십 대 후반 청년들이 너무 자연스럽게 정시 퇴근을 해서 선배들이 놀랐다고들 하는데, 앞으로는 그렇게 되는 것이 너무 자연스럽습니다.

정리하는 시간이 발전을 만듭니다

체감은 안 되겠지만, 여러분이 사장님이 되었다고 생각해 봅시다. 사장님이 자기 사업을 하는데 하루 여덟 시간만 일을 하고 말까요? 아닐 겁니다. 사장님의 '일' 개념은 우리의 일 개념과 다릅니다. 사장님에게는 자기 삶의 계획과 자기 비즈니스가 거의 온전하게 포개져 있습니다.

그럼 어떻게 될까요. 사장님이 회사의 미래를 고민하기 위해 이런저런 책을 뒤적뒤적하는 건 일과시간에 해도 되는 일입니다. 보통 직원들에겐 그건 근무시간에 해도 되는 일이 아니죠. 회사에서 적극 권장하지 않는 이상은 눈치가 보입니다. 직원들에게 그건 퇴근 후 집에 가서 할 일입니다. 직원의 삶은 그 회사 비즈니스와 온전히 포개어져 있지 않기 때문에, 책 보는 일은 회사를 옮기거나 업종을 옮기는 것을 대비하는 일일 수 있습니다. 그런 일 하라고 회사에서 월급을 주는 건 아니니까, 집에 가서 해야 할 일이죠.

사장님은 오후에 십수 분 졸면 남은 시간 더 팔팔하게 일할 수 있다고 스스로 생각할 경우 꾸벅꾸벅 졸아도 됩니다. 직원은 그러지 못합니다. 이건 회사에서 권장할 수 있는 일도 아닙니다. 직원은 졸지 못하거나 몰래 졸아야 하고, 졸지 못한 이유로 낮에 두세 시간 동안 집중을 못한다면 그날은 좀 더 일찍 취침하는 걸로 대응해야 합니다. 출퇴근시간이 있는 이유가 그것이겠지요.

그러니 정년보장도 연공서열도 안 되는 회사라면 특별한 사정이 없는 이상 되도록 직원을 여덟 시간만 일하고 보내주는 게 합리적인 계약관계입니다. 역설적으로, 다른 회사로 넘어갈 준비를 할 수 있도록 하는 회사가 직원을 오래도록 붙잡아 둘 수 있는 겁니다. 그게 안 되면 사람을 단기로 쥐어짜고 그에 못 견뎌서 이직하는 일만 반복됩니다. 슬프게도 한국의 몇몇 업계는 모든 회사가 그러기로 담합한 것 같은 양상을 보이기도 합니다. 앞으로는 조금씩 달라지겠지만요.

여하튼 그렇기 때문에, 우리는 회사 바깥에서도 일을 해야 합니다. 본인을 더 유능하게 만드는 종류의 일 말입니다. 퇴근길에 나서자마자 지하철에서 휴대폰 게임 시작해서 취침 전까지 게임만 하다가 잠이 든다면 곤란하죠. 이건 그냥 멍하게 있는 것보다도 더 나쁜 겁니다. 우리 뇌는 멍하게 있을 때에도 여러 활동을 하거든요. 멍하게 있을 때엔 최근 했었던 일에 대해 잡스럽게나마 생각을 하게 됩니다. 그 시간을 게임하는 시간으로 다 채워 버리면 그렇게 비운 시간에 여러 가지 아이디어가 들어차는 자연스러운 과정을 배제하게 됩니다. 아무 일도 안 생기는 겁니다.

이렇게 살면서 연봉이 인상되기를 바라는 것도 합리적이지는 않지요. 아무 일도 안 생겼는데, 무슨 수로 연봉이 인상되겠어요? 그러니 가외시간을 활용하는 법을 익히자는 것이 제 얘기의 취지입니다.

대학과 교육에 대한 관점을 바꿉시다

저는 이렇게 떠들고 있지만 듣는 여러분이 어떤 상황인지 구체적으로 알지 못합니다. 제각각이겠죠. 그러니 이 얘기부터 정돈해야겠습니다. 여러분이 대학생일지, 대학도 못 간 사람일지, 회사생활을 하는지 아닌지에 따라 다소 다른 부분이 있기 때문입니다.

시험공부에 재능이 있어 좋은 학벌을 획득한 사람이라 해도 제 조언을 따르면 성공할 확률이 높아집니다. 그 영역에 가도 그들 내부에서 경쟁하는 건 매한가지이기 때문입니다. 공부만 한 사람들이 사회성 없이 사는 가운데 누군가 사회성 있는 삶을 추구한다면 더 좋은 결과가 나는 것이 매우 당연합니다.

하지만 저는 제 조언이 좀 더 긴급하게 필요한 사람들, 소위 명문대를 나오지 못했거나 아예 대학을 가지 못한 사람들, 그러면서 놀고 있거나 혹은 박봉 때문에 이직을 고민하는 사람들을 염두에 두고 조언하도록 하겠습니다. 저는 학연이란 게 꼭 나쁘다고는 보지 않습니다. 학연이니 학벌이니 하는 것들은 그걸로 몇 가지를 검증했다고 간주하는 겁니다. 그걸 선호하는 것도 당연합니다. 여기서 뒤처진 사람들은 일단 그 사실을 받아들이고 시작해야 합니다. 설령 옳지 않다 생각한다 하더라도, 현실이 그렇다는 건 인정하고 시작해야 합니다. 우리는 추격자가 될 생각이니까요.

지연이나 학연이 문제가 된 이유는 우리나라가 예전부터 시험공부로 사람을 선발하는 게 일반적인 나라였고, 공공기관과 대기업에서의 대규모 채용 비율이 높아서인 것 같습니다. 조그마한 사기업이라고 생각해 보세요. 사실 그런 기준에서 사람을 선발하게 될 수도 있습니다.

말단직원들이 하는 일은 어떤 사람을 데려다 놔도 굴러가는 일이 대부분입니다. 그런 경우 같은 고향 출신에다가 얘기도 잘 통하는 사람을 뽑을 수도 있다고 생각합니다. 하지만 생산성을 좌우하는 위치에까지 그런 기준으로 사람을 선발하는 것은 어리석은 행동입니다. 더군다나 공적인 가치를 배분하는 일에서 그런 식이라면 불공정하다는 비판을 피할 수 없을 겁니다. 우리가 흔히 지연이나 학연을 문제 삼는 상황이 그런 것일 겁니다. 거기까지 가지 않는다면, 저만 해도 그렇습니다. 하다못해 저처럼 작은 식당을 운영하려고 해도 그런 생각이 든다는 것입니다.

학벌 좋고 직장 좋은 이들은 저처럼 식당 운영하는 사람들을 무시하는 경향이 있습니다. 실제로 소득은 제가 훨씬 높을지라도 그렇습니다. 물론 이해가 가는 부분도 있습니다. 사람들 앞에서 어느 대기업 기획실에 다닌다고 하면 식당 경영한다고 소개하는 것보다 우호적인 반응을 얻어내겠죠. 그 순간은 확실히 그들이 좋을 것입니다. 하지만 그 순간만 생각하는 건 근시안적이라고 생각합니다. 직장의 지위는 그 회사에 다니는 동안만 내 것일 뿐입니다. 퇴사하는 순간부터 사라집니다.

그러면 명문대 출신에 대기업을 다니는 사람들에게 무시당하는 저 같은 업주는 어떤 생각을 하겠습니까. 그렇지 않은 이들, 저와 진지하게 일을 하려는 이들에게 더 기대를 걸지 않겠습니까. 그런 이들과 제가 신뢰관계가 형성된다고 칩시다. 제가 식당 하나를 맡기는데 학벌을 볼까요. 그렇지 않습니다. 저와 신뢰관계 형성하고, 여기서 자기 운을 걸어 보겠다고 덤빈다면 얼마나 예뻐 보이겠습니까. 그런 친구에게 한 달에 최소 육칠백만 원 벌이는 일이 년 안에 만들어 주려고 할 겁니다. 그 정도는 해 줘야 오래 일할 수 있지 않겠습니까. 중요한 것은, 이런 생각을 저만 하는 게 아니라는 겁니다. 각 영역에 저처럼 생각하는 '꼰대'가 한둘이 아닙니다. 이삼십 대가 이런 사실을 잘 모를 뿐입니다.

대학에 못 들어가신 분들, 혹은 별로 좋지 않은 대학에 입학하신 분들을 위해 특히 더 강조해서 말씀드리겠습니다. 스무 살에 좋은 대학 못 들어가도 잘 살 수 있습니다. 이건 너무 명백한 진실인데 부모나 선배들이 얘기를 잘 해 주지 않습니다. 중고등학교 때 그런 거 알려 주면 공부 열심히 안 할 거라 생각하기 때문입니다. 그러나 한살 한살 나이를 먹을수록 알게 됩니다. 주변의 돈 잘 벌고 잘나가는 사람들이 결코 학창시절에 공부 잘 하던 이들이 아니란 걸 말입니다. 물론 공부 잘하는 사람들이 고임금 직종에 갈 확률이 높지요. 돈 잘 버는 사람들은 자기가 공부 잘하는 사람들을 고용

합니다. 그런 사람들 중 상당수는 공부 잘했던 사람들이 아닙니다. 그리고 그렇게 특출나게 돈을 많이 벌지 않는, 월 사백만 원에서 육백만 원 사이 고임금 직종 중에도 학벌, 학력과 큰 상관 없는 분야들이 많습니다. 물론 이런 분야는 공부 잘해서 시험 쳐서 들어가는 고임금 직종보다는 어떻게 들어가야 하는지 설명하기가 더 어렵습니다. 그래서 어쩌다가 들어가게 되는 것처럼 보이기도 합니다. 요행으로 보이는 것이지요.

하지만 큰 틀에서 본다면, 그런 곳에도 돈 벌겠다는 생각이 확고하면서 자기 나름대로 노력을 하는 사람들이 들어가는 겁니다. 단순히 요행이 아니라 나름의 평가 기준이 작동하고 있습니다. 시험공부에만 집중하다 보면 그런 더 단순하고 명확한 상황에 대한 평가가 눈에 안 들어올 뿐이죠. 열심히 사는 사람보다 시험지 답안 동그라미가 눈에 더 들어올 뿐이죠. 저는 시험에서 거둔 성취를 폄하하는 것은 아닙니다. 그쪽에만 신경 쓰다 보면 그 바깥이 보이지 않게 되고, 그 바깥의 노력을 폄하하게 된다는 말씀을 드리는 겁니다. 여기가 요행이라면 시험도 요행입니다. 시험도 어쩌다 잘 치는 사람들이 분명 있지만 그렇다고 시험 전체를 요행이라고 하면 다들 화내지 않겠습니까? 운이 좋았다 한들 자기 기량에 약간의 운이 더해진 것뿐이니까요.

저쪽도 비슷한 겁니다. 물론 부모 잘 만나 낙하산으로 들어가는 친구들이 꽤 있습니다만, 그런 친구들은 일단 머리에서 지우고 생각하도록 합시다. 그들과 비교하면서 아무것도 할 수 없다고 허송세월해 봐야 소용이 없습니다. 더 나아지는 것이 없지요. 길게 볼 때 낙하산으로 들어간 친구들이 별로 노력하지 않는다면 나중에는 나 같은 사람이 더 나아질 수 있다고 생각해야 합니다. 실제로도 많은 경우 그렇게 될 겁니다. 저는 앞으로 한국 사회가 업무 능력 위주로 빠르게 재편될 거라 생각하는 편입니다.

정리하자면 첫 번째로, 좋은 대학을 안 가도 충분히 잘 살 수 있습니다. 그렇다고 대학을 기피하라는 건 아닙니다. 꼭 스무 살 나이에 명문대에 들어가야만 성공하는 게 결코 아니라는 겁니다. 따라서 두 번째는 대학을 좀 늦게 가도 아무 상관이 없다는 겁니다. 이 두 가지는 확실하게 기억하도록 합시다. 대학을 어디로 가느냐, 대학을 언제 가느냐, 이 두 가지를 모두 다 전향적으로 볼 필요가 있습니다.

학교에서 배운 걸 바로 써먹는 경우는 많지 않습니다

공부를 어떻게 했든 어차피 실무는 처음부터 배워야 합니다. 공부는 추상적인 것인데, 사실 추상은 구체를 먼저 겪어야 더 쉽게 이해됩니다. 아주 극단적으로 말하면, 고등학교 졸업 후 직업현장에 가서 몇 년 지낸 후 대학 공부를 하는 게 훨씬 공부를 제대로 하는 길일 수도 있습니다. 부모와 선배들이 말한 일반적인 길을 갈 필요도 없습니다. 따지고 보면 그 일반이 절대적인 것도 아닙니다. 오히려 검정고시와 방송통신대를 적극적으로 활용하는 삶도 괜찮습니다. 한국은 아직 대학은 스무 살 때 가는 걸로 되어 있고 방송통신대 전공이 다양하지 않습니다. 배움에 한이 맺힌 중년층을 겨냥한 너무 추상적인 학과와, 바로 취업을 해야 하는 이들을 겨냥한 너무 실용적인 학과밖에 없습니다. 하지만 지금 이 상태로도 방송통신대는 상당히 괜찮은 선택입니다. 거기서 학부를 마친 후 원하는 전공 혹은 본인이 하고 싶은 업무와 상관있는 전공의 대학원을 가면 흔히 말하는 '학벌 세탁'이 됩니다. 대학원은 굳이 졸업까지 할 것도 없이 입학만 하는 정도로도 어느 정도 사회적 표지가 됩니다. 아예 학문의 길을 가기 위해 가는 대학원과는 또 좀 다릅니다.

이런 길을 갈 경우, 일하는 입장에서도 공부하는 입장에서도 불리할 게 없습니다. 현장에선 일하면서 방통대 다닌 이들을 더 높게 평가할 수 있습니다. 일하는 요령을 가진 채 학업을 쌓았다고 생각할 테니까요. 대학의 관점에서 보더라도, 이제 인구가 줄어 대다수 대학은 위기에 처하게 됩니다. 일하다 온 늦깎이 대학원생이라도 유치해야 할 필요가 있지요. 대학 역시도 공부만 하다 온 사람이 아니라 일하다가 관련 전공을 공부하러 온 이들을 더 반길 수 있습니다.

그러니 여러분이 지금 어떤 상황이라도 상관없습니다. 남들이 알아주는 대학을 스무 살에 입학하지 못했다고 뭐가 안 된다는 사람들에게 속지 맙시다. 좌절할 일이 아닙니다. 거기서부터 시작하면 됩니다. 자책하도록 하는 그 말들이 지금부터라도 열심히 살면 될 사람들을 허송세월하게 만들 뿐입니다.

서른은 그리 많은 나이가 아닙니다

서른이 가까워 오거나 서른이 넘어 버린 분들 중, '나는 아무것도 하지 못하고 너무 늦어 버렸다'고 생각하는 분들이 많습니다.

그렇지 않습니다. 우리나라는 너무 일반적인 루트 하나만을 '정상'으로 취급하고, 거기서 조금이라도 벗어난다 싶으면 '그러다 인생 망한다'고 지나치게 겁을 줍니다. 일 년, 이 년 지연되면 인생 전체가 손해 볼 것처럼 얘기합니다. 다시는 복구할 수 없는 것처럼 얘기합니다. 특히 자기 자녀들에게 그렇게 얘기합니다. 그래야 더 부모 통제를 따르고 부모가 원하는 삶을 살기 위해 노력할 거라 기대해서 그러는 것 같습니다.

막상 주위를 둘러보면, '때맞춰' 상급 교육기관으로 가지 못하거나 취업에 성공하지 못하는 경우가 상당히 많습니다. '정상'의 경로를 밟지 못하는, 즉 제도권에 들어가지 못한 시간을 수년 넘게 보내는 사람들의 숫자가 어마어마하게 많은 겁니다.

서른이 넘어서 포기해야 할 일들은 운동선수나 프로게이머처럼 십 대나 이십 대의 신체능력이나 반사신경으로 전성기를 맞이할 수밖에 없는 일들뿐입니다. 허비한 시간은 손해이긴 합니다. 하지만 삼 년을 허비했든, 오 년을 허비했든, 십 년을 허비했든 딱 그만큼만 손해입니다. 분명히 다시 한번 말씀드리는데, 거기서부터 시작하면 됩니다.

요즘은 한 업종에서 일이 잘 안 풀리거나 회의를 느껴서 그 이상의 나이에 새로운 도전을 하게 되는 경우도 흔합니다. 물론 그런 분들은 뭔가 하나를 제대로 부여잡고 성취해 본 경험이 있기 때문에, 그런 경험을 겪지 못한 이들보다는 정신적인 부분에서 잘 대비가 되어 있는 경우가 많죠. 그런데 이 역시 뒤집어 본다면, 여러분 역시 정신적인 부분에서 잘 대비하고 덤벼든다면 서른이 아니라 마흔에도 기회를 찾을 수 있다는 애기입니다. 두 번째 도전, 새로운 도전을 하는 사람들이 그런 것처럼요.

그러니 '그러면 망한다'는 애기에 동조하여, '나는 망했다'는 기분에 전염되지 말고 툭툭 털고 일어납시다. 덤벼들 수 있는 영역을 찾아내어 덤벼들어 보도록 합시다. 이렇게 작심하고 보낸 시간은 시험공부에 쏟은 시간과는 비할 수 없는 여러분들의 역량이 됩니다.

하지만 막상 배움에 대해 시작하려고 해도 주저함이 있습니다. 시대가 워낙에 빨리 바뀌고, 내가 무엇을 해야 할지를 잘 모르면, 도대체 무엇을 준비해야 할지 막막해지기 마련입니다.

어린 시절에 배우는 것만 해도 그렇습니다. 요즘 부모들은 어린 자녀들에게 컴퓨터 프로그래밍을 사교육으로 가르치는 게 유행이라고 합니다. 심지어 초등학생 때부터 시작된다고 하지요.

이 말을 듣고 저는 격세지감을 느꼈습니다. 제가 초등학교 때는 주산학원이 아주 일반적이었습니다. 주산이란 주판으로 하는 계산을 뜻합니다. 사실 1997년 IMF 위기 때까지만 해도 한국에서 은행원들은 돈 계산을 주판으로 하곤 했습니다. 이후 계산과 관련된 학원은 주산학원에서 속셈학원으로, 다시 컴퓨터학원으로 바뀌었습니다.

실력은 숫자로 나타낼 수 없습니다

이렇게 구체적인 것들이 너무 빨리 바뀌어서 헷갈릴 때는 결국엔 기본적인 것들로 돌아가야 합니다. 기본적인 것들은 잘 변하지 않기 때문입니다. 육체적이거나 기능적인 단련은 흔히 수련이라고 부르고, 지적인 단련은 학습이나 교육이라고 부릅니다만 그것들 모두 마찬가지입니다. 어떤 영역에서든 뭔가 성취하고 가르치는 사람이 배우는 자세에 대해 말하는 것은 비슷비슷한 경우가 많지요? 기본적인 것들은 그렇게 한길로 만나기 때문입니다.

친한 후배가 문득 운동을 하다가 깨달았다는 수련의 일반론에 관한 얘기가 인상적이어서 저도 적어 두었습니다. 수련뿐 아니라 학습이나 교육에도 적용될 테니 단련의 일반론이라 적어봅시다.

흔히 범하기 쉬운 실수인데, 수치에 집착하지 말고 기능을 향상시키라는 것입니다. 수치라면 운동의 영역에서는 기록일 텐데, 교육이나 학습의 영역에서는 시험 점수라고 볼 수 있습니다. 운동을 하다 보면 계속 기록을 적어 두게 되지 않겠습니까? 가령 오늘은 턱걸이 몇 번을 하는데 성공했다는 식으로 말입니다.

기록을 적어 두는 것은 실력 향상, 기능 향상을 꾀하기 위해 좋은 습관이죠. 그런데 후배의 말이, 그렇게 적다 보면 어느 순간 기록에 매몰되는 자신을 발견하게 되었고, 그러다 보면 오히려 잘 늘지 않는 상황이 펼쳐진다는 겁니다.

왜냐면 세상에 똑같은 턱걸이 한 번은 없기 때문입니다. 정자세로 끌어올릴 수도 있고 흔히 '배치기'라고 말하는 반동을 주는 방법도 있는데, 이게 말로는 구별되지만 사실은 적당히 섞여 있지요. 그래서 지난주처럼 여섯 번은 해야겠다는 식으로 수치에 집착하면, 처음부터 반동을 주는 턱걸이로 여섯 번을 하고 안주해 버릴 수 있습니다. 수치는 지켜냈는데, 근육이 별로 당기지는 않지요.

반면에 정자세로 최대한 반동 없이 끌어올려 세 번을 했다고 칩시다. 그렇게 하면 여섯 번 못지않게 근육이 당길 수도 있습니다. 그리고 정자세로 세 번을 했을 때, 네 번은 할 수 없다고 본능적으로 느꼈을 때, 반동을 주어서라도 거기서 한 번, 두 번을 더 추가하는 것이 진짜 운동이 됩니다. 본인 근육의 한계선에 마주하고 거기서 더 추가하는 것이 자극을 주는 것이지요. 그렇게 할 경우 수치로 적으면 네 번이나 다섯 번이라고 적게 되겠지요? 이건 여섯 번이라 적은 것보다 뭔가 부족한 것처럼 보입니다. 지난주 기록보다 감소했으니 퇴보한 것으로 느낄 수도 있어요. 하지만 그럴 경우라도 본인은 알 수 있을 겁니다. 네 번이나 다섯 번으로 적은 이쪽이 더 운동이 되었다는 것을요. 그렇게 기록에 매몰되지 말고 본인을 납득시켜야 한다는 취지입니다.

교육이나 학습의 영역은 어떨까요? 대표적인 게 영어공부 영역이지요. 저도 아직 영어를 썩 잘하지는 못해서 말하기가 조심스럽습니다만, 토익점수 같은 시험점수는 높게 나오는데 영어에는 자신이 없다는 친구들이 꽤나 있지 않습니까?

그런데 영어를 읽고 쓰는 수준까지는 아니더라도, 독해에는 큰 문제가 없는 친구들만 해도 시험 점수에 대한 집착이 덜합니다. 그런 이들은 가령 토익 공부를 따로 하지 않아도 점수가 필요할 때 시험을 치면 800점대가 나오지만, 굳이 900점대로 올리려고 하지 않습니다. '영어 기사 자료와 보고서 독해가 가능하다'고 쓰면 그걸 더 높게 쳐줄 테니까요.

이렇게 말하면 시험공부에 집착하는 친구들은 '우리는

그게 안 되니 토익 점수를 만점 가까이 받아야 할 게 아니냐'고 말합니다. 그런데 발상을 바꿔 점수 올리는 데 쓸 시간을 실제로 영어 독해가 가능하도록 공부하는 데 쓰면 되는 문제가 아닐까요? 이렇게 물으면 또 점수가 필요하다는 친구들은 '점수 올리는 데엔 강의 수강하는 게 정석적인 영어 공부보다 더 빠르다'고 합니다. 물론 그렇겠죠. 그러니 당장 영어가 안 되는데 몇 개월 안에 점수가 필요해서 다녀야 한다면 말릴 수 없을 것입니다.

하지만 몇 년을 두고 시험 점수에 집착하는 공부만 하고 있다면 이제는 계산이 달라지지 않을까요? 몇 개월을 두고 점수를 따는 게 목적이라면 토익 강의가 더 빠를 수 있습니다. 하지만 한번 기능을 키워 두면 해결되는 문제를 매번 점수가 필요할 때마다 점수용 공부를 하면서 대처하다 보면 당연히 그쪽으로 쏠리는 비용이 손해가 될 수밖에 없습니다. 결국엔 원하는 만큼 영어를 하지도 못하는 데 말입니다. 결과적으로는 실제로 기능이 향상되는 방향으로 공부를 하는 게 이득이며, 그 길이 대부분의 사람에게 그렇게 어려운 길도 아니라는 것이 먼저 해 본 사람들의 일관적이고 공통된 증언입니다.

반복을 다스리는 사람이 성공합니다

기능을 향상시킬 수 있는 적절한 방법을 찾았다면 기초는 갖춘 셈입니다. 그다음 중요한 것은 노력의 수준입니다. 여러분에게 초인적인 노력이 필요하지는 않습니다. 어떤 분야인지 간에 그런 걸 요구한다면 그 자체로 그게 엉터리가 아닌지 의심해 봐야 할 겁니다.

신체단련에서도 과거의 지옥훈련 식의 방법은 퇴조하고 있습니다. 오히려 충분히 쉬어 줘야 기능이 향상되고, 부상을 방지할 수 있다고 합니다. 특히 근력운동의 경우 기존의 근육을 파괴하고 더 큰 근육을 생성시키는 것이 그 원리입니다. 근육이 생성되기 위해서는 휴식이라는 시간이 필요합니다. 휴식을 생략하려면 스테로이드 등 스포츠에서 금지되어 있고 장기적으로는 신체기능을 퇴조하게 만드는 약물을 써야 합니다. 끝없이 노력하라는 얘기는 그런 식으로 약물을 쓰면서 운동하라는 얘기와 비슷합니다. 애초에 보통 사람이 해내기 무리한 방식입니다.

적정한 노력이란 것에도 몇 가지 다른 단계가 있겠죠. 이를테면 운동을 한다고 할 때 비싼 PT(개인 지도)를 택해서 트레이너의 도움을 받으면 혼자서 하는 것보단 훨씬 힘들게 하게 되지만 빠른 시간 안에 효과를 볼 수 있지요. 그러나 이 PT란 것도 매일매일 하는 것이 아니고, 휴식기간이 주어지지요. 그렇게까지 하지 않고 혼자서 운동을 하며 PT를 받는 것에 비해 다소 느슨하게 진행한다 하더라도, 어느 정도 노력을 기울이고 있다면 나아지기는 할 거라는 것입니다. 다만 이 경우엔 진행 속도가 달라지게 되겠죠.

다른 후배는 이런 얘기를 했었어요. 고등학생 친구들에게 하루에 다섯 시간씩 이 년만 공부해도 좋은 대학에 충분히 갈 수 있다고 말하니, 못 믿는 친구들이 반, 그것만 하면 되냐고 안도하는 친구들이 반이었다고요. 저는 학교 공부를 그렇게까지 열심히 해 보지 않아서 잘 몰랐지만 그 친구 말이, 하루에 다섯 시간씩 하는 것이 결코 쉽지 않다고 합니다. 한 번이 아니라 매일 다섯 시간을 하라는 충고는 상당히 어려운 것인데 그걸 쉽게 봐서 놀랐다고 해요. 흔히 열심히 공부한다고 하면 하루 종일 열 시간도 넘게 앉아 있는 것을 생각하지만, 그 정도는 아니라는 것이죠. 더구나 시험공부 열심히 하는 친구들은 새는 시간 측정하기 위해 스톱워치도 사용하잖아요? 이렇게까지 재서 하는 하루 다섯 시간은 생각보다 쉽지 않다고 합니다.

여기서의 핵심적인 교훈은, 적절한 방식이란 것이 그렇게 어렵고 복잡한 게 아니며 적정 수준의 노력이란 것도 엄청나게 힘든 수준이 아니라는 것입니다. 그렇게까지 복잡한 방식이거나 그렇게까지 미칠 듯한 노력이라면 충분한 시간 동안 지속할 수 없겠지요. 앞서 얘기했다시피 그런 걸 가르쳐 준다는 사람을 만난다면 오히려 엉뚱한 걸 가르치려는 것은 아닌지, 사기는 아닌지 의심해야 할 것입니다.

더 중요한 것은 버려야 할 반복을 버리는 것입니다. 불필요하거나, 무의미하거나 오히려 해를 주는 것들 말이죠. 이것을 버리는 것도 삶을 성공적으로 이끄는 문제에 굉장히 중요한 것이겠죠. 이렇게 말하는 저도 그걸 잘 하고 살아왔다는 건 아닙니다. 제 경우는 담배가 문제겠지요. 끊어야 하는데 이걸 계속 반복하고 있으니까요.

반복을 다스리는 자가 성공한다고 말하고 싶네요. 살려나가야 할 반복이 있고, 너무 힘들지 않은 선에서 그걸 꾸준히 반복한다면, 앞서 말했던 것처럼 기능이 향상되겠죠. 반복을 지속해 내는 것은 무엇보다 강력한 힘입니다.

글쓰기를 해야 역량이 쌓입니다

너무 일반론이 되다 보니 '그래서 뭘 준비해야 한다는 거야?'라는 생각이 드신 분들이 많을 것 같습니다. 그래서 이 장에서 마지막으로 전달할 것은 두루 통용되는 실천적인 조언입니다. 바로 글쓰기에 관한 것입니다.

당황스러워하는 분들이 꽤 있을 듯합니다. 우리가 보통 글쓰기를 일상에서 멀리 있는 것으로 생각하니 그렇습니다. 제가 하는 말의 주안점은 다릅니다. 전문적인 작가나 문학가가 되라는 게 아닙니다.

이렇게 비유를 하면 좋을 듯합니다. 우리나라 사람들이 다른 나라 사람들에 비해 노래를 잘 부른다고 하죠? 보통 다른 나라 사람들은 음악을 듣는다고 해도 스스로 노래를 부르거나 흥얼거리는 일로 연결되는 일이 별로 없는데, 우리나라 사람들은 자기가 좋아하는 노래는 노래방에서 곧잘 부를 수 있다는 것이죠. 제 얘기는, 우리나라 사람들이 곧잘 노래를 부르듯 생활 속에서 글을 써 보라는 것입니다.

글쓰기를 권유하는 것은 흔한 조언이긴 하지만, 독서 얘기보다 먼저 하는 사람은 흔치 않을 것입니다. 읽고 쓰기의 문제를 말할 때 보통은 먼저 읽어야 한다고 말하지요.

그런데 요즘은 독서에 대해 말할 때 단행본 독서를 너무 강조하고, 대부분의 사람들은 그걸 부담스러워하고 있기 때문에 저는 순서를 달리해야 한다고 생각하게 되었습니다. 출판시장은 나날이 어려워지고 있기 때문에 출판사는 책을 곧잘 사 보는 기존의 독자층을 중심으로 생각할 수밖에 없게 되었습니다. 그래서 흔히 독서의 중요성을 말하는 분들이 권유하는 인문사회 도서의 경우 원래 그 분야 도서를 읽던 사람들을 대상으로 하는 책들을 많이 내게 되었죠. 저도 재테크 책을 한 권 쓰기도 했습니다만 재테크나 심리학 등 실용서의 경우도 그런 책들을 읽는 독자층을 중심으로 형성된 시장이 뚜렷하게 있지요. 그래서 애초 그 시장, 그 영역에 참여하지 않았던 이들의 입장에서 본다면 마치 높은 성벽을 둘러 친 것처럼 진입장벽이 높다고나 할까요? 읽기 자체에 재미를 붙일 수 있는 책은 많이 줄어들었다는 생각도 듭니다. SNS를 포함해 매체가 다양해지면서, 과거처럼 오락을 위해서라도 책을 잡았다가 자연스럽게 독서를 즐기는 이들이 점점 더 줄어들고 있지요. 그런 문제를 타개하겠노라고 한두 권에 모든 교양을 담았노라고 말하는 책들은 너무 일상생활에 필요한 지혜와 상관없는, 수박 겉핥기 교양에 머물러 있기도 하고요.

그래서 저는 읽기와 쓰기를 자연스럽게 할 줄 아는 사람이 되기 위해선 이제는 다른 전략을 세워 볼 필요가 있다는 생각이 들어요. 자연스럽게 독서를 즐기게 된 청년들도 여전히 있겠지만 아무래도 제 조언이 훨씬 긴요할 이들, 제가 만나고 싶은 이 책의 독자들은 그런 습관을 기르지 못한 사람이 많을 테니까요.

저는 독서 자체가 인간에게 그렇게 어려운 행위라고 생각하지는 않습니다. 저 자신이 중학교 때까지는 교과서 외의 책은 거의 읽은 적이 없다가, 고등학생 때 친구들과 경쟁하며 읽은 이런저런 책들로 독서의 세계에 발을 디딘 사람이라서 더욱 그렇습니다. 그러나 지금은 지식이 종이책이라는 오랜 매체를 벗어나서 다양한 형태로 변화하는 시대인 만큼, 청소년과 청년들에게 과거의 방식을 답습하게끔 하는 것이 효과가 클 것 같지는 않습니다. 스마트폰도 없이 통제된 공간에서 살 수 있는 노릇도 아니니까요.

사실 저처럼 인터넷이 이처럼 보편화되기 이전에 태어나서 책으로 지식을 배운 사람조차 습관이 달라져 가는 걸 느낍니다. 이를테면 이젠 저만 해도 친구들이 PDF나 JPG, 일종의 '짤방(이미지)'의 형태로 책 내용을 전송해 오는 경우가 있습니다. 그러면 저는 '읽어 봤다'고 생각하고 답을 하는데, 나중에 시간을 확인해 보면 읽은 시간이 너무 짧은 것에 놀라게 됩니다. 글 내용이 길었는데, 제가 그리 빨리 읽는 사람이 아닌데도 보자마자 내용에 대해 무어라고 대꾸를 한 겁니다. 마치 그림을 보고 즉각적으로 품평을 한 것처럼 말입니다. 이런 시대를 어린 시절부터 경험하고 살아가는 친구들에게, 읽기를 강조해 봤자 그들은 실질적으로 읽기를 하지 않으면서도 '읽고 있다'고 착각하게 되는 일이 일어날 확률이 높아 보였습니다. 저처럼 '디지털 원주민'이 아니고 '디지털 이주민'에 해당하는 사람조차도 종종 그러니까요.

좋아하는 것부터 시작해야 결과물이 나옵니다

그래서 저는 곧바로 쓰기로 들어가거나, 적어도 쓰기와 읽기를 병행해야 한다고 생각합니다. 다큐멘터리 영상을 보고 가볍게 쓰는 일부터 시작해 보세요. 대부분의 IPTV 서비스에서 EBS 등의 다큐멘터리는 무료로 풀려 있습니다. IPTV를 사용하지 않더라도 유튜브 같은 플랫폼에도 많이 올라와 있지요. 만약 그런 식으로 접근할 경우 무엇부터 시작해야 할지 막막할 수 있으니, 다큐멘터리 프로그램 제목을 확인하고 검색을 시작하여 그중 무엇을 볼지 선택하는 게 낫겠습니다. 과학, 역사, 교육문제, 사회변동 등 다양한 문제에 관한 다큐멘터리들이 있습니다. 관심사가 있다면 그중 관심사부터 시청을 시작하면 될 것이고, 관심사가 뚜렷하게 없다면 일단 무작위로 시청하면서 흥미가 생기는 영역을 찾아봐야 하겠습니다.

구체적으로 방법을 말한다면, 한 시간 안팎의 다큐멘터리를 시청한 후 이틀 뒤에 감상문을 써 보도록 하세요. 이틀이 부담스럽다면 처음에는 하루 뒤도 괜찮습니다. 프로그램을 본 직후에 감상문을 쓰라고 하면 자기 관점이 형성되지 않은 사람의 경우 프로그램 내용을 그대로 반복하는 데 그칠 가능성이 높기 때문입니다. 약간의 시간차를 두고, 다소 내용을 잊어버린 상태에서 기억을 꺼내 보세요. 그러면 본인의 관심사와 다른 부분부터 내용이 끌려 나올 겁니다. 이렇게 하면 더 오래 기억하는 데에도 유리합니다. 프로그램 시청 직후 내용을 그대로 쓰는 건 단순반복에 불과하지만, 이렇게 해서 글을 쓸 경우 재구성의 과정을 거치기 때문입니다. 그렇게 쓰인 글은 곧바로 자신의 자산이 됩니다. 혹여나 시간이 꽤 지나 내용을 거의 잊을지라도, 본인이 쓴 글을 다시 찾아본다면 금방 내용이 복원됩니다.

감상문이라고 표현하니 거창한 것 같지만 처음에는 열 줄, 스무 줄로 요약하는 정도라도 됩니다. 흥미로운 다큐멘터리를 찾았다면, 관심사가 좁혀진 것 같은 느낌이 들었다면, 이제 무작위로 다른 영상을 보지 말고 그 주제와 관련이 있는 다른 영상을 찾아 보고 쓰도록 합시다. 그렇게 되면 본인의 머릿속에서 지식의 맥락이 생깁니다. 맥락이 생기면 감상문도 단순한 요약문에서 벗어나게 됩니다. 이번 다큐 내용뿐 아니라 저번 다큐 내용도 상기되고, 경험이나 개념이 연결되거나 대립하게 되기 때문입니다. 연결되거나 대립되는 것에 대해 자기 생각을 적게 된다면 이제 그 지적 맥락에 자기 견해를 추가하게 되는 것입니다.

특히 EBS 다큐멘터리의 경우에는 프로그램 말미에 작가들이 무슨 책을 참조했는지도 나오는 경우가 많습니다. 본인 관심사에 해당하는 영상으로 내용을 꽤 파악했다면, 이제는 그 읽기 자료들에 도전할 때입니다. 여기서도 명심할 것은, 읽기 습관이 들지 않았을 경우 너무 다 읽으려고 애쓰지 않아도 된다는 것입니다. 통독 습관이 없는 사람이 억지로 책 한 권을 다 읽으려고 하면 내용 이해는 하지 않고 건성으로 지나치게 됩니다. 앞서 말한 식으로 비유한다면 기능보다는 수치에 집착하는 식이 됩니다. 책 한 권 뗐노라, 적게 된다는 것이죠. 그러지 말고 오래 읽기가 어려우면 책에서 목차를 보고 다큐멘터리 보면서 흥미로웠던 내용과 연결되는 부분을 찾아 그 부분만 집중적으로 읽도록 합시다. 책 한 권이 아니라 일부를 몇 번씩 읽고 그에 대한 글을 써 보도록 합시다.

다독을 한다고 자랑하는 이들 중에서도 이런 과정이 없어서 그저 지식을 흘려보내는 것일 뿐인 이들이 허다합니다. 본인의 지적인 맥락을 쌓아 가는 느낌을 알고, 자신의 글로 그걸 쌓아 가는 것이 중요합니다. 글을 예쁘게 써야 할 필요는 전혀 없습니다. 그 부분에 취미가 있어서 쓰다가 예쁜 걸

추구하게 된다면 그것도 나쁘지 않지만, 일상 생활에서 훨씬 많이 하게 될 글쓰기는 내용 파악과 의사소통을 위한 건조하고 정확한 글쓰기라는 사실을 명심합시다.

이것은 제가 경험한바 모든 종류의 지적인 영역에서 자기 역량을 명확하게 쌓아 갈 수 있는 가장 일반적인 방법입니다. 곧바로 실천해 보세요. 이런 일을 반복하다 보면 본인이 관심 있는 주제에 대해 같이 떠들 수 있는 동료를 필요로 하게 됩니다. 그런 이들을 온라인에서든 오프라인에서든 찾아내고 싶다는 생각이 들 정도가 된다면 여러분은 스스로 배우는 법을 익힌 것입니다. 그 내용이 무엇이든지 간에요. 지식의 내용도 내용이지만, 이런 식으로 스스로 익히는 습관을 들이게 되면 그것 자체가 엄청난 역량이 될 것입니다.

5장

항상 다음을 준비하기

일을 시작하려면 돈이 되는 분야에 터를 잡자고 제안했습니다. 그러나 분야를 정해 회사에 들어갔더라도 평생 다닐 수는 없으므로 동시에 자신만의 일을 만들어 가야 합니다. 이 장에서는 제가 경력을 시작한 계기와 함께 회사 안팎에서 필요한 경력 관리의 기술을 설명하겠습니다.

도전할 줄도 알아야 합니다

저는 다니던 대학을 그만두고 보험 영업으로 사회생활을 시작한 사람입니다. 계기는 단순했습니다. 2000년대 초에 저는 대학을 다니고 있었는데요. 그 무렵에 큰이모가 한 보험회사에서 세일즈를 하고 있었습니다. 이미 십 년을 넘게 그 일을 하시는 중이었죠. 제가 볼 때엔 일을 대단히 열심히 하는 스타일은 아니었어요. 자녀들 학교 보낼 때 아침에 도시락 다 싸 주고 가정주부로서 자기가 할 일은 다하면서 쉬엄쉬엄하는, 그렇지만 그 하는 시간 내에서는 좀 성실하게 하는 정도였거든요. 제가 그때 스물다섯 살이었는데 큰이모에게 물어봤지요.

"이모, 이모 한 달에 한 얼마 정도 벌어요?"

벌써 십팔 년 전의 일입니다. 그때 큰이모가 뭐라 답했냐 하면, "한 달에 한 삼사백만 원은 벌지"라고 하는 겁니다. 깜짝 놀랐어요. '저렇게 일하면서 삼사백을 번다고? 내가 이모 일하는 모습을 다 봤는데?'라고 생각했죠.

제 앞날을 고민해 봤죠. 제가 당시에 다니던 대학을 꾸역꾸역 졸업해서, 회사를 들어가면 어찌 됐을까요. 저는 군대에 다녀온 뒤 다시 수능을 쳤기 때문에 나이도 남들보다 많은 상태였지요. 학점이 좋은 것도 아니고 토익이란 건 쳐 본 적도 없었죠. 높은 연봉의 대기업에 들어갈 수 있는 건 아니고 대충 중소기업에 들어간다 치면, 아마도 한 달에 이삼백만 원 받는 게 고작이었을 것입니다.

큰이모에게 있으면서 제겐 없는 것은 뭐였을까요. 살아오면서 쌓인 인적 네트워크의 차이였어요. 가정주부로 살아온 큰이모는 친하게 지내는 아주머니들을 통한 영업이 가능했어요. 십 년 차니까 그게 누적도 됐을 테고요. 그렇다고 일 년 차에 훨씬 열심히 했다거나 그런 것은 아닙니다. 비록 쉬엄쉬엄이지만 꾸준히 하다 보니 십 년 차에 그 정도 소득이 된 것이지요.

제가 고등학교 다닐 때도 당시 세일즈를 시작한 지 얼마 되지 않은 큰이모가 그런 얘기를 했었죠. "대영아 이게, 아줌마들 하는 보험영업이 아무것도 아닌 거 같아도 웬만한 애들보다 더 많이 벌어"라고요. 그래서 저는 고등학교 때부터, 대학 졸업 후 그저 그런 회사 가서 일할 바에야 세일즈를 하겠다고 생각했던 것 같아요. 게다가 당시 고등학교 때 읽었던 책에서 그런 길 봤거든요. 미국의 대기업 CEO들의 상당수가 세일즈맨 출신이라고요. 그래서 그 어린 나이에도 세일즈맨이 가지는 어떤 장점, 이런 것에 대해 구체적으로 설명은 못하지만 막연하게 공감을 했었죠. 그래서 고3 때에도 나중에 제가 제대로 좋은 데 취직할 수 있는 게 아니라면 차라리 세일즈를 시작하겠다는 생각을 했던 기억이 납니다.

그리고 결정의 순간이 닥쳐 왔죠. 학비를 마련해 가면서 학교를 다니고 있었는데, 더 이상 학비를 대기가 힘들었습니다. 대학을 졸업하기 힘든 상황이 되고 나니 본격적으로 머릿속에 보험 영업이 떠오르기 시작했어요. 큰이모를 기준으로 생각했죠. 일 년만 죽도록 노력하면 큰이모의 두 배를 벌 수 있다고 생각해 보기로 했어요. 그러면 한 육칠백만 원이 되는 거였죠. 당시 저는 큰이모에게 처음 물어볼 때에서 몇 년이 지나 스물여덟 살이었죠. 십오 년 전이었던 건데, 그때의 육칠백만 원이라면 지금의 천만 원쯤 됩니다. 제가 마흔도 아니었고 스물여덟이었는데 그 돈을 벌 수 있다고 생각을 한 겁니다. 그렇게 생각을 정리하고 세일즈로 뛰어들어야겠다고 생각했습니다. 그래서 아예 대학을 자퇴하고 외국계 보험회사에 제 발로 걸어 들어갔지요.

오히려 레드오션의 틈새시장이 기회입니다

앞에서 일을 굳이 구분한다면 '돈 되는 일', '하고 싶은 일', '잘 하는 일'로 구분할 수 있다고 말했습니다. 보험 영업에 뛰어들 무렵의 저는 애초부터 하고 싶은 일 따위엔 관심이 없는 상태였어요. 일단 돈을 벌 수 있는 일을 하고, 성과를 내 주변의 인정을 받고, 번 돈을 발판으로 내 사업을 하고 싶었습니다.

이 책을 읽을 대부분의 사람들, 그러니까 보통의 사람들이 대체로 이런 상태일 거라 생각합니다. 그런데 그렇게 말하면 안 된다고 생각하는 사람들이 너무 많아요. 하고 싶은 일을 찾아야 한다, 잘 하는 일을 찾아야 한다, 그래야 보람을 느낄 수 있다, 이러는 것이죠. 그런데 하고 싶은 일이나 잘하는 일이 무엇인지 알려면 일단 일을 해 봐야 합니다. 일을 지속적으로 하려면 돈을 벌어야 해요. 일을 해 보기 전에 막연하게 짐작한 하고 싶은 일은 막상 뛰어들어 보면 전혀 다른 일인 경우가 많습니다. 나이가 어리고 경험이 적을 때 적성과 가치관을 고려해 선택한 일은 막상 뛰어들었을 때는 내가 원하던 그 일이 아닌 경우가 많습니다. 왜냐하면 하고 싶다는 욕망 안에도 경제적 보상이나 사회적 인정 같은 것들이 당연히 뒤섞여 있거든요. 어릴수록 그런 요소들을 모르거나 빼고 생각합니다. 자기가 어떤 걸 원하는지 정확하게 알 수 없는 상태가 됩니다. 사정이 이런데도 보통처럼 살면 안 된다고, 평범하게 살면 안 된다고 말하는 것도 일종의 폭력이라고 생각합니다.

선택의 문제, 경제학 용어로 말한다면 기회비용의 문제도 물론 있습니다. 하고 싶은 일부터 시작했는데 월 삼사백을 벌겠다고 덤벼들 수는 없는 것이죠. 먼저 돈부터 벌겠다면 하고 싶은 일인지, 아닌지는 일단 판단에서 빼야 할 겁니다. 더구나 앞서 말했듯, 어릴 때엔 경제적 보상이 얼마나 인간의 삶에 중요하고 삶의 만족도에 큰 영향을 끼치는 것인지를 절실하게 느끼지 못합니다. 하고 싶은 일을 위해 본인이 견딜 수 있는 물질적 하한선이 어딘지를 생각하기 어렵습니다. 안다고 얘기할 때조차도 제대로 아는 게 아니에요. 돈 되는 일부터 일단 해 보고 생각하라는 게 그래서 하는 얘기인 겁니다.

'하고 싶은 일을 해라. 남들이 다 하는 일을 하지 마라'는 말을 좀 더 경제적 언어로 치장한 말 중에 '레드오션에 뛰어들지 마라'는 말이 있습니다. 저는 이 말에도 문제가 있다고 생각해요. 이십 대 후반에 제가 뛰어들었던 보험 시장이나, 지금 하고 있는 요식업 같은 것은 전형적인 레드오션 시장입니다. 뛰어든 사람이 너무 많은, 레드오션 중 레드오션이에요. 그러면 너무 많은 사람들이 뛰어들기 때문에 망할 수밖에 없다는 게 맞는 말일까요?

그렇지 않습니다. 사람들은 레드오션에 대해 말할 때 얼마나 많은 사람이 그 시장에 뛰어들었는지만을 말합니다. 그 중 60~70퍼센트는 거의 허수라고 봐야 합니다. 아무런 경쟁력이 없는 사람들이 거기에 있습니다. 술집이든 식당이든 마찬가지입니다. 그래서 오히려 레드오션 안에 틈새가 있습니다. 그리고 그 틈새를 공략하는 것이 사회생활 경험이 없는 젊은 분들에게 더 나은 방안입니다. 레드오션에는 뛰어든 사람이 너무 많다 보니 인프라가 잘 갖춰져 있어서 초기에 방향을 제대로 잡고 노력하면 자리를 잡기가 쉽기 때문입니다. 워낙 많은 사람들이 뛰어들어 있으니 후방 산업도 잘 갖춰져 있는 것이죠.

반대로 블루오션 시장에 뛰어들었다고 쳐 봅시다. 블루오션은 미개척지이기 때문에 뭐 하나 해 보려고 해도 기댈 수 있는 게 거의 없습니다. 본인이 다 찾아다니면서 만들어야 합니다. 그러니 큰돈을 버는 사람이 블루오션 시장에서 나올 수는 있겠지만, 그들이 자본도 없고 경험도 없는 초짜들일 리는 만무합니다. 이문이 발생하기까지도 시간이 오래 걸릴 수 있는데, 돈 없고 경험 없는 사람들이 그 시간을 견딜 수가 없습니다. 한마디로 말씀드리면 이 책을 읽을 사람들은 블루오션 시장을 노리기 어려운 사람들이라고 저는 봅니다. 이후의 삶에서 필요한 자본금 몇 억 원을 빨리 벌 수 있는 방법은 결국 레드오션 산업에서 틈새를 보는 길이 가장 효율적입니다.

그렇게 레드오션에서 틈새를 찾아 돈 되는 일을 택해 보고, 그다음에 그 일을 해 보면서 잘할 수 있는 일을 찾아야 합니다. 잘할 수 있어야 성과가 나게 되고, 그래야 돈도 벌게 되니까요. 제가 보험영업 하는 큰이모의 소득을 가늠하고, 그 일을 엄청 잘하지는 못할지라도 젊고 더 열심히 하니 두 배는 벌 수 있을 거라 가늠하고 시작했던 것처럼 말입니다. 정말로 그 정도로 단순한 생각으로 한 것인데, 실제로 그렇게 됐습니다. 생각했던 것보다 더 벌게 되었지요. 그렇게 큰돈은 아니라도 거기서 그렇게 번 돈이 있었기에 지금 와서 식낭노 개업할 수가 있었죠.

많은 부모님들은 자녀더러 하고 싶은 일을 하라면서, 그 하고 싶은 일에 자신의 욕망을 주입하려고 합니다. 그러면서 본의 아니게 자녀들을 괴롭히게 되지요. 이러한 부모님의 욕망에선 자식이 그럴듯한 대학을 졸업해서 보험 세일즈를 하는 건 있을 수 없는 일일 겁니다. 예를 들어서 명문대 경영학과를 졸업하고 자동차 보험 세일즈를 한다고 하는데 허락할 부모는 없는 것이죠. 물론 명문대를 졸업했을 경우엔 선택지가 넓어지기는 하겠습니다만, 그렇다고 이 영역을 없는 셈 취급할 필요는 없습니다. 현명하게 살려면 부모님 세대의 방식과는 어느 정도 거리를 둬야 합니다.

그런데 일을 시작했을 때 돈을 버는 것만큼, 거의 그에 버금가게 중요한 게 하나 더 있습니다. 돈에 집중하는 친구들은 꽤 있지만, 그 친구들은 흔히 이 영역을 놓치고는 합니다. 그것은 바로 사람들을 만나고 남겨야 한다는 것입니다.

상사가 됐든 거래처 직원이 됐든 항상 오 년 뒤를 생각하고, 오 년 뒤에 내가 무언가를 도모했을 때 나와 함께 할 수 있는 사람, 그리고 내게 도움을 줄 수 있는 사람, 그런 사람들을 남긴다는 생각으로 일을 해야 합니다. 눈앞의 돈만 보고 일하면 그 나이에서 한 달 일이백씩은 더 벌 수 있을지 몰라도 오 년이나 십 년 뒤에는 쭉쭉 뻗어 나갈 수 없습니다.

그러니까 당장 연봉 이천오백만과 이천팔백만이 있을 때 다른 조건을 따져 보지 않고 이천팔백만 원을 택하는 선택을 해서는 안 됩니다. 어디를 가야 사람을 더 남길 수 있을지를 따져 봐야 합니다. 거듭 말씀드리지만 너무 눈앞만 봐서도 안 되고, 너무 긴 계획을 세워도 의미가 없습니다. 삼 년에서 오 년 정도를 기준으로 생각해 보면 판단의 기준이 확 달라질 겁니다.

가령 대학을 갓 졸업한 분들을 보면 회사를 들어갈 때 연구직의 연봉이 삼천만 원이고, 구매부서의 연봉이 이천오백만 원이면 상당수가 연구직을 택합니다. 나이 서른에 말입니다. 회사까지 가서 학자가 될 겁니까? 그리고 연구원으로 승승장구하려면 학벌이 더 중요해질 겁니다. 만약 본인이 그쪽으로 경쟁력이 없다고 본다면 다른 쪽 생각을 해 봐야 합니다. 인간관계 영역에서 경쟁력을 가져가지 않으면 자기계발도 무의미합니다. 그리고 자기계발보다는 관계가 더 만들어 나가기가 쉽습니다.

명심해야 할 단어가 하나 있습니다. 제안이라는 단어입니다. 예를 들어 제가 제약회사 영업사원이라고 칩시다. 제가 평생 그 일만 하게 되지는 않을 겁니다. 제가 무언가 일을 시작하려고 했을 때, 모은 돈은 많아야 일이억 원일 것이고 적으면 오륙천만 원일 겁니다. 당연히 돈이 모자랍니다. 이럴 때 도와달라고 제안을 할 수 있는 사람들을 많이 만들어 놔야 한다는 것입니다. 또 하나, 역으로 제게 좋은 제안을 던질 수 있는 사람들을 많이 만들어 놔야 합니다. 그래서 내가 제안을 받을 수도 있고 할 수도 있어야 합니다. 좋은 제안들을 주고받고 허심탄회하게 이야기할 수 있는 사람들을 만들어 놓자, 이것이 정말 인생에서 획기적인 변화를 만들어 줄 것이다, 이런 믿음을 가지고 일을 해야만 합니다. 그런 사람들을 만들어 가야 하고, 그러기 위해 신뢰를 쌓아 놓아야 하고, 그들에게 괜찮은 사람으로 보여야 합니다. 그러려면 실제로 괜찮은 사람이어야 하는 거죠. 긍정적인 마인드를 가지고 도전하되, 현실성이 있는 사람이요. 이게 기본적인 길이고 성과를 내기에 가장 수월한 길입니다.

이 점을 반드시 기억하고, 예시로 돌아와 제가 대기업 구매팀에 갔다고 칩시다. 저는 이 책 예상독자로 대기업 가기 어려운 친구들을 생각했지만, 확실하게 알아들으려면 이 예시가 좋을 것 같습니다. 그리고 대기업 다니는 친구들 역시 제 조언을 활용하면 더 도움이 될 겁니다. 여하간 대기업 구매팀으로 가면 대리는 물론 말단 사원이라도 거래하는 중소기업에겐 초슈퍼울트라갑이 됩니다. 중소기업 아저씨들이 설설 깁니다. 와서 샘플 갖다주면서 써 보라고 하고 밥도 사줍니다. 그런데 대부분의 청년들이 이런 상황에 처하면 본인이 이런 대접을 받는 것이 당연하다는 것처럼 그냥 받고 맙니다.

하지만 생각해 보면 어마어마한 기회입니다. 그 청년이 언제 그런 기회를 또 잡을 수 있을까요? 냉정하게 생각하면 그 사장의 입장에서 이 청년은 몇 년 후에 사라질 아이에 불과합니다. 그래서 굽신굽신하는 것에 전혀 자존심 상하는 것도 없습니다. 비즈니스하는 것일 뿐이니까요. 그런데 한 청년이 다른 이들과 다르게 군다고 칩시다. 싹싹하게 인사도 하고, 가끔 밥도 자기가 한 번 산다고 해서 산다고 칩시다. 명절에는 당연히 중소기업 사장님이 대기업 구매팀 사원에게 선물을 보내는 것인데, 그때 문자로라도 그 사장님 이름을 넣어서 감사의 마음을 표현한다고 칩시다. 이런 거 한두 번만 하면 어떤 일이 생길까요.

수많은 구매담당 직원들이 저쯤은 하지 않을까 생각할 수 있지만 그중에서 그런 일 하는 친구들 장담컨대 백에 한 명도 안 됩니다. 갑이 되면 열심히 갑질을 해서 하나라도 더 뽑아 먹으려고 하는 게 현실입니다. 그런데 다른 관점에서 생각해 본다면 그 사람들이 다 기회입니다. 돈이 되고 자원이 될 수 있는 사람들입니다. 한두 푼 더 뽑아 먹으려다가 그 기회를 허비하고 있는 것입니다.

제 친구나 후배들 중에서도 구매부서에서 일하는 친구들이 있습니다. 그 친구들 하는 거 보면 노상 사장님들을 두고 뒷말을 합니다. "맨날 골프 얘기만 하더라고…"라는 식으로

요. 그때 저는 속으로 생각합니다. '너희가 골프 얘기 맞장구라도 한번 쳐 줘 봐라.' 골프를 잘 모를 수도 있지요. 그런데 안 해 본 것에 대해서 떠들어 본 적 없나요? "저는 잘 모르지만 검색해 보니 이렇던데 이런 거예요?"라고 물어보면 어떻게 될까요? 사실은 그 사람들이 구매부서 직원보다 백 배는 성취한 게 많은 사람입니다. 직원을 백 명, 이백 명 먹여 살리고 회사를 두세 개 키우고 있는데, 구매부서 직원들은 회사에 말단으로 들어가서 대기업이랍시고 갑질하는 거면서 사장님들을 경멸할 이유가 뭐가 있겠습니까? 그런데 대부분이 실제로 그러고 삽니다. 그 사장님들을 허투루 대하면서 삽니다.

이런 식으로 기회가 있는 곳으로 직업을 선택하고, 그 기회를 활용하는 것이 매우 중요합니다. 성과는 돈으로 나오지만 기회는 사람에게서 옵니다. 3장에서 말씀드린 것과 다소 중복됩니다만 실제로 모두 얽혀 있습니다.

상사의 진급을 위해 일해야 합니다

여러분이 샐러리맨이라 칩시다. 아무리 일을 잘 해도 받는 돈은 정해져 있습니다. 이 경우 미래를 도모할 수 있는 방법은 두 가지밖에 없지요. 하나는 이 회사에서 연봉이 인상되는 것이고, 다른 하나는 더 고연봉으로 타 회사로 스카우트되는 것 입니다. 이 두 가지밖에 없습니다.

보통 우리나라 회사에서 연봉이 상승하려면 진급을 해야 합니다. 그런데 진급을 하려면 윗사람이 사라져야 합니다. 아니면 적어도 타 부서로 가야 하지요. 그러니까 윗사람이 진급을 안 하면 내가 아무리 잘해도 진급이 안 되는 겁니다. 그러니 일을 위해 일하지 말고 상사의 진급을 위해 일해야 한다는 게 올바른 전략이 됩니다. 직속상사의 진급을 위해 일하면 됩니다.

상사 입장에서 생각해 봅시다. 어떤 대리가 왔는데 일을 꽤 잘합니다. 뒷담화도 안 합니다. 그러다가 내가 부장이 됐습니다. 그런데 부장이 됐으면 이사를 노려야지 부장에서 끝나면 좋다고 생각하는 사람 없지 않습니까? 이사가 되고 싶다면 그 유능한 대리를 끌어와야 할까요, 안 끌어와야 할까요? 답은 뻔합니다. 인지상정입니다. 한 조직에서 샐러리맨으로 일할 때는 무조건 직속상사를 승진시키려는 생각으로 일을 해야 합니다.

그럴 수 없는 예외 상황도 있겠습니다. 윤리적으로 문제가 있거나 회사에 대놓고 손해를 끼치는 일, 이를테면 분식회계나 공금 횡령을 시킨다면 따를 수가 없을 겁니다. 이 정도 상황이 아니라면 웬만하면 사람을 보고 일해야 합니다. 조직은 멀고 사람은 가깝기 때문입니다. 이는 한국 사회가 후진적이어서 그런 게 아니라 미국이든 유럽이든 어느 선진국을 가도 마찬가지입니다. 만약 상사가 악질이라서 너무나 나를 괴롭힌다면 어떻게 할까요? 그러면 회사를 빨리 옮겨야 합니다. 결국에 견딜 수 없는 사람이라 생각된다면 시간을 낭비하지 말고 떠나야 합니다.

내 윗사람을 진급시키기 위해서는 일이 아니라 사람을 위해 일해야 합니다. 그래야 기회가 생기고 제안이 들어올 수 있습니다. 상사라면 부하 직원이 자기를 승진시키려고 노력하는지 아닌지 정도는 보일 수밖에 없습니다. 그가 승진하거나 다른 회사에 이직했을 때, 그런 부하직원을 찾아가서 얘기해 보지 않겠습니까? 어찌 보면 당연한 건데 삼십 대 초반까지 이 사실을 정확하게 알고 처신하기는 쉽지 않습니다.

삶의 태도가 바뀌면 내가 전혀 인지하지 못했던 기회들이 찾아옵니다. 그걸 알아야 합니다. 어릴수록, 가진 게 없을수록 이 사실에서부터 시작해야 합니다.

성공하고 싶은 사람으로 보여야 합니다

제가 이 책 여기저기서 문제해결적 관점의 중요성을 강조했을 겁니다. 문제해결적 관점은 시시비비적 관점과 대비되는 것입니다. 조직에서, 특히 상사와는 더욱이 시시비비를 가리려고 하면 안 됩니다. 문제해결적 관점은 조직에서 일할 때 너무나도 중요합니다. 긍정적이고 적극적인 이미지를 줘야 합니다. 누구나 잘 아는 것이지만, 부정적이고 까칠한 사람을 좋아하는 상사는 어디에도 없습니다. 이건 여러분이 상사나 선배가 되어도 마찬가지일 겁니다.

그리고 싫더라도 나이가 어리고 직급이 낮을 때는 다소 연출을 해서라도 농번기의 농부와 같은 성실함을 보여 줘야 합니다. 왜 농사를 들먹이냐면 본인은 중요할 때만 집중하겠다는 사람들이 있기 때문입니다. 이를테면 본인은 '사냥형'이라는 것이지요. 그럴 수도 있습니다. 하지만 '사냥형'의 특성을 발휘하면서 평소에는 쉬엄쉬엄할 수 있으려면 그게 가능한 위치까지 가거나 그래도 된다는 수준으로 조직이나 상사에게서 인정을 받아야 합니다. 그 전에는 씨알도 안 먹힐 소리입니다.

성공하고 싶은 사람으로 보여야 합니다. 요즘 '워라밸'이라는 말이 유행하지요? 일과 생활의 균형이라고 하는데, 저는 생애 전체로 볼 때는 이 접근이 맞다고 봅니다. 하지만 특정 시기에는 일에 엄청나게 '때려 넣는' 때도 있어야 합니다. 회사에서 인정받으려고 할 때는 워라밸을 기계적으로 맞추려고 하면 안 됩니다. 안 된다는 게 윤리적으로 안 된다는 게 아니라, 그렇게 해서는 대부분 인정받기 어렵다는 것입니다. 농경적 근면함을 연출하는 게 아주 어렵지도 않습니다. 남들보다 다소 일찍, 10분 정도 일찍 출근하고 10분, 20분 정도만 늦게 퇴근하면 됩니다. 《수학의 정석》 외우는 것보다는 쉽지 않습니까? 본인이 아침에는 일찍 나오는 게 잘 안 된다면, 저녁에 더 신경을 써야겠지요. 그런데 희한하게도 회사에서는 같은 10분이라도 저녁에 10분 늦게 나가는 것보다 아침에 10분 늦게 나오는 것을 더 책망하는 분위기가 있습니다. 그래서 되도록 지각하지 않아야 합니다. 삼십 대 중반까지는 (이 일 반론을 벗어나는) 예외적인 상황이 발생하기가 어렵습니다.

일에 대해 생각하는 시간을 확보합시다

이쯤에서 한 번 정리하고 지나갑시다. 사람들에게 제안을 받거나 제안할 수 있는 상황을 염두에 두고 일을 하라고 말씀드렸습니다. 근면함을 어필하는 것도 필수라고 말씀드렸습니다. 또 하나 주의해야 할 문제는, 그저 시키는 것만 하지 말고 일에 대해 생각하는 시간을 확보하는 일입니다.

이 문제는 생각보다 중요합니다. 일의 프로세스에 대해 고민하는 문제이기 때문입니다. 부장이나 과장이 시키는 대로 하다 보면 의심을 할 일이 없습니다. 시야가 점점 좁아지죠. 배운 대로, 익숙한 대로 일을 할 뿐입니다. '생각하며 살지 않으면 사는 대로 생각하게 된다'는 말이 있지요? 이 경우에도 해당하는 말입니다. 이 생각이 무슨 위대한 생각이 아니라 잡생각까지 포함하는 겁니다. 다소 멍 때리는 순간, 말로는 내뱉지 못할 발칙한 것, 금지된 것을 생각해서 끝까지 밀어붙여도 보는 그런 생각을 다 포괄하는 겁니다. 자기 일에 대해서도 그저 맹목적으로 하지 말고, 한 발짝 떨어져서 이런 생각을 하는 시간을 확보해야 합니다.

하지만 이게 쉽지는 않겠죠? 우리 기업에선 대부분 생각할 여유를 주지 않습니다. 말하자면 근무시간 8시간 내에 이런 시간을 확보하기란 불가능에 가깝습니다. 그러면 결국 퇴근하고 해야 합니다. 야근을 하더라도 이런 시간이 확보되지는 않겠죠. 야근은 일과시간 내에 끝나지 않은 일이 있을 때 하게 되는 일이니까요. 그러니까, 이런 시간을 확보하려면 퇴근해서도 일 생각을 어느 정도는 해야 한다는 것입니다.

굉장히 불합리한 일로 들릴 수 있을 겁니다. 정시퇴근 시켜 주는 경우도 드문데, 정시퇴근 해서도, 아니 야근까지 한 이후에도 회사일 생각을 하라니요. 하지만 일 자체에 대해 생각해 보지 않은 사람과, 해 본 사람의 생산성의 격차는 시간이 지날수록 늘어납니다. 그리고 이건 퇴근 후에도 공부를 하거나 일을 해야 한다는 것과는 다소 다른 겁니다. 일과시간에 했던 일들에 대해 느슨하게 생각해 볼 여유가 필요하다는 것이니까요. 4장에서 말했던 얘기가 반복되는 것이지요? 그러니 퇴근하자마자 휴대폰 게임 시작해서 잘 때까지 하는 직원이 되면 안 되는 것입니다. 회사에서 업무에 대해 생각할 시간을 주지 않는 것이 안타까운 일이지만, 그래도 본인 스스로 짬을 내어 시간을 쓰다 보면, 남들보다 생산성이 쉬이 올라서 회사에서 요구하는 일을 업무시간 중에 모두 마칠 수 있는 사람이 될 수가 있는 것입니다.

만약에 회사에서 시키는 일이 너무 많아서, 그저 그 일을 처리하는 데 허덕허덕하는 직장이라면 어떻게 해야 할까요? 이 경우에도 중간은 없을 것 같습니다. 양자택일을 해야 할 것 같아요. 먼저 이 직장이 전망이 없다고 생각하면 빨리 그만두고 나오는 게 좋습니다. 그게 아니라면 완전히 거기에 맞춰 주고 회사가 자신을 필요로 하도록, 그러니까 회사가 나에 대한 의존도를 높이는 방향으로 일해야 하겠습니다. 의존도를 높이면 어떻게 될까요. 그런 이후에 나간다고 얘기하면 붙잡기 위해 뭐라도 처우 개선을 약속하게 되겠지요. 그래야 연봉이 확 오른다든지 퇴직금을 많이 준다든지 업무 방식의 개선을 약속한다든지 뭐가 나와도 나올 것입니다. 그도 아니면 거기서 만나게 된 거래처 사람에게서 다른 제안이 들어올 수도 있지요. 대체로는 이 두 가지밖에 없고, 이 중간 지점에서 적당히 성실하게 일하면서 버티는 것은 의미가 없는 경우가 대부분입니다. 어영부영 일하면서 일이 년 보내는 건 현명하지 못한 일이기 십상입니다.

저는 계속해서 무조건 돈을 벌어야 한다는 태도와, 돈이 아니라 네 적성을 따라가라는 태도의 중간 정도에서 말하고 있습니다. 거듭 말씀드리지만 돈을 중심으로 생각하되 너무 당장의 일이백만 원에 얽매이지 말고, 적어도 삼사 년을 바라보면서 기회를 더 받을 수 있는 곳으로 가라고 말하는 것이지요.

하나 더 말씀드리고 싶은 것은 정규직을 목표로 하지는 말라는 것입니다. 정규직은 목표가 아니라 과정이 될 수 있을 뿐입니다. 이제 우리는 월수입 삼백만 원 이상의 정규직을 평생 유지하기는 대단히 어려운 세상에 살고 있습니다. 정규직이라고 월급이 계속해서 근속연수를 따라 올라가지도 않을 겁니다. 정규직이 되어 봤자 구조조정으로 다시 나오기 십상입니다. 그러니까 정규직이 목표가 되어서는 안 됩니다. 자기 역량을 올리고, 제안을 주고받을 사람들을 늘려 기회를 잡아 연봉을 올리는 것을 목표로 삼아야 합니다.

종잣돈의 가치를 알아야 합니다

제 경우는 메꿔야 하는 돈이 많았습니다. 세일즈 업계에 처음 왔을 때엔 학자금 대출을 정리하고 부모님 빚도 갚은 다음에 일억 원을 만드는 게 지상목표였습니다. 일억이 생기면 삼억을 만들기는 쉽습니다. 삼억이 있다면 칠팔억은 어렵지 않습니다. 그런데 저도 일억, 그 일억을 만들기가 너무나 힘겨웠습니다.

대다수가 일억 근처에도 가 보지 못하고 끝날 것입니다. 요즘 유행하는 유튜브의 팔로워도 만 명까지가 제일 어렵다는 것과 비슷할 것 같습니다. 그래서 일억을 만드는 게 정말로 중요합니다. 일억이 단위가 너무 크다고 느껴서 오천만으로 줄여서 생각한다 해도 마찬가지입니다. 현금으로 그 액수를 만져 봐야 합니다. 그걸 만져 봐야 다음 단계를 꾀할 수 있습니다. 그러면 이후에 또 다른 세상이 펼쳐집니다. 사실 오 년 플랜을 잡고 열심히 살면 오천만 원 정도까지는 상당수가 모아 볼 수 있다고 생각합니다. 그리고 자본력이 뒷받침되면 편해집니다. 뭘 하든 효율적으로 뒷받침이 됩니다.

자본력이 얼마나 중요한지에 대해서는 제가 지금 식당을 운영하고 있으니까 식당을 예시로 들어 설명을 드리겠습니다. 식당을 열었는데 생각보다 매출이 증가하는 속도가 느리다고 칩시다. 그래서 수지타산이 맞지 않으면 열에 아홉은 비용을 줄입니다. 적자가 쌓여 가는 과정이 너무나도 고통스럽기 때문입니다. 저도 경험해 봤지만 정말로 피가 바짝바짝 마릅니다. 그런데 한 발 떨어져 생각하면, 장사가 안 되면 투자를 더 해야 하는 겁니다. 비용을 줄이겠다고 서빙 직원을 하나 잘랐다고 칩시다. 그러면 손님이 불렀을 때 나와서 응대하는 시간이 늦어집니다. 주방 직원을 하나 잘랐다고 칩시다. 음식이 나오는 시간이 길어지고 질도 떨어집니다. 그렇게 가다 보면 간판 불도 켜지 말아야 합니다. 전기료를 아껴야 하니까요.

그럴수록 간판 불을 더 환하게 밝히고 더 열심히 해야 잘 된다는 건 너무나 당연하고 쉬운 소리입니다. 하지만 대부분 그렇게 못 합니다. 일단 자본력이 달립니다. 충분하다 하더라도 쉽지 않은 일입니다. 적자가 나는데 투자를 더 하기는 어렵습니다. 안되는 형편에 돈을 더 붓는 게 잘 안 됩니다.

자본이 있어서 더 투자할 수 있다면 어떨까요. 훨씬 더 안정적으로 할 수 있습니다. 남들보다 현명하게 할 수 있습니다. 책에서 본 대로, 조언 들은 대로, 생각하는 대로 할 수 있습니다. 보통은 돈이 없으니까 그럴 수가 없는 겁니다. 이것 줄이고, 저것 줄이고 더 싼 물건 쓰고, 그렇게 되는 것입니다. 코팅해서 붙일 걸 A4용지로 덕지덕지 붙여 놓게 됩니다. 큰 메뉴판에 사인펜을 긋고 새로 써 놓거나, 그 위에 종이를 붙이는 식이 됩니다. 메뉴판 바꾸는 데 삼만 원밖에 안 들지만 모아 둔 돈이 없으면 그 돈을 아끼려고 하는 게 사람입니다. 하지만 그런 태도를 가지고 있으면 조금씩, 조금씩 경쟁력을 갉아먹게 되는 것입니다.

음식 장사에 대해서는 속된 말로 자리를 한번 잡으면 개밥을 줘도 먹는다는 말이 있습니다. 음식이 초심을 잃고 아주 이상해지지 않는 이상 매출이 잘 안 내려간다고 합니다.

거기까지 가기 위해 버티는 것입니다. 하지만 자본력이 없이는 버티기가 어렵습니다. 그러니까 그 정도 자본력을 확보하는 일에 먼저 힘을 쓰는 것이, 우리가 젊은 시절 회사에서 일하는 목적이자 의미라고 볼 수 있겠습니다.

6장

돈, 계획을 세워 불리는 법

저는 분명히 실천할 수 있는 방안만을 말하고 있습니다. 이제 지금껏 제시한 삶의 방향에 부합하는 돈 관리 방법을 말씀드리려고 합니다. 무슨 말이냐 하면, 갑자기 '지출을 줄여 저축을 해야 돈을 모은다. 재테크를 잘해야 한다'라고 말한다면 앞뒤가 안 맞는다는 겁니다.

씀씀이를 줄여서 부자가 될 수는 없습니다

소득이 소비보다 많으면 저축을 할 수 있겠죠. 흔히는 소득이 한정되어 있으니 소비를 줄이고 저축을 하라고 합니다. 예금액이 시원치 않으니 잘 굴려 보라고 합니다. 말하자면 '저축–재테크로 부자 되세요' 모델이죠. 들어 보면 막막하지요? 그래서 여러분을 현혹시키는 다양한 기술이 있습니다. 하지만 속지 마세요. 직관적으로 동하지 않는 다양한 기술이 있다는 것만 봐도 그 길이 정도가 아니라는 겁니다.

예전에 한 유명한 자산관리 회사에서 '삼억 만들기 펀드'라는 상품을 출시한 적이 있었습니다. 제가 그 회사 다니는 친구에게 그랬어요. "펀드로 삼억 만들기? 그건 너무 간단하다. 한 달에 팔백삼십만 원씩 삼 년 동안 펀드를 하면 삼억이 되겠지. 그렇지 않냐?"라고 했죠. 그 친구도 제 말을 듣더니 그 말이 맞다고 합니다. 그 길에 왕도가 어디 있겠습니까? 마치 한 달에 이십만 원짜리 펀드를 오 년을 하면 삼억이 될 것처럼 광고하는데 그런 일이 있겠습니까? 절대 그런 일은 없습니다. 계산기 두들겨 보시면, 아니 엑셀에 넣어 보시면 간단하게 답 나오잖아요. 그리고 한 달에 팔백삼십만 원씩 여윳돈이 남는 사람이 설마하니 그 펀드를 하겠습니까?

제가 보험 세일즈맨과 재무설계사를 거쳐서 금융회사 대표를 했었는데요. 당시에 부자 되는 법에 대한 강연을 많이 다녔습니다. 그때 이삼십 대 샐러리맨 분들 만나서 주구장창 했던 얘기가 뭐냐면, 부자가 되는 키워드는 저축에 있는 게 아니라는 거였습니다. 지금 제가 생각하는 독자는 아직 부자를 노릴 만한 샐러리맨이 안 되는, 취직조차 막막하거나 월급이 더 많았으면 좋겠다는 그런 분들입니다. 그래도 원리는 동일하니 여기서부터 설명해 볼게요. 사람들은 저축을 잘 하면 부자가 될 거라고 생각합니다. 저축으로 모자라니 재테크해서, 분석하고 운이 받쳐 줘서 오백만 원, 천만 원 버는 것이 부자 되는 길이라 생각합니다. 그 돈 벌면 잠깐 기분은 좋을 수 있겠지요. 그런 일을 위해 공부하는 법도 시중에 많이 나와 있습니다. 하지만 그렇게 해서 지속적으로 돈을 벌 수 있을까요? 돈 천만 원 벌어서 부자가 될 수 있을까요?

그렇게 하고 싶어서 아껴서 저축하는 친구들, 재테크 열심히 하는 젊은 친구들 많이 있습니다. 소비를 줄여서 저축을 많이 해야 나중에 잘살 수 있다고 배웠고 또 믿는 친구들이죠. 그런 친구들은 흔히 본인의 많지도 않은 월급에서 한 달에 오만 원, 십만 원을 마른 행주 짜듯 쫙쫙 쥐어짜서 저축을 합니다. 친구들과 모임을 가지면 돈 낼 때 구두끈 묶다가 '아이고 머리야' 하면서 '내가 오늘 카드를 안 갖고 나왔네. 미안하네'라고 합니다. 그렇게 모은 돈을 주식 투자로 늘릴 수도 있고 잃을 수도 있지만 그렇게 살면 어떻게 되겠습니까? 자린고비 소리 듣고 평판이 다 망가지지 않겠습니까? 제가 지금까지 말씀드린 길은 그렇게 사는 길이 아닙니다. 그러니까 제가 3, 4, 5장에서 미래를 위한 인간관계와 자기계발에 대해 조언해 놓고, 돈 관리 부분에서 뜬금없이 무조건 아껴야 부자 된다고 말하면 한 입으로 두말하는 사람이 됩니다. 여기저기 좋은 말만 가져다 붙여 놨지만 모순되는 얘기, 함께 실행할 수 없는 얘기를 하는 셈입니다. 그런 게 아니라 한 사람이 자기 삶에서 꾸준히 실천할 수 있는 일관된 제언을 드리려고 합니다.

저축도 동기부여의 문제입니다

여러분은 월 이백만 원을 버는 사람이 지출을 월 백오십만 원 이하로 줄이는 게 쉬울 것 같나요, 아니면 월 삼백만 원을 버는 사람이 지출을 월 백오십만 원 이하로 줄이는 게 쉬울 것 같은가요? 물론 사람이 다 제각각이니 공식은 없겠죠? 그래도 일반론이나 평균치라는 건 있을 겁니다.

저는 제가 쌓아 온, 주변 사람에 대한 지식과 경험에 대입해 볼 때 소득이 더 적은 사람이 더 어렵다고 생각합니다. 이유는 간단하죠. 비슷한 양의 노력에 비해 주어지는 보상의 크기가 다르기 때문입니다. 두 사람의 과제의 난이도가 동일하다고 가정할 때, 월수입 이백만 원인 사람이 그 과제를 달성했을 때의 보상은 오십만 원이고, 삼백만 원인 사람의 보상은 백오십만 원이니까요. 세 배나 차이가 납니다. 그러면 누가 더 쉬울까요? 동기부여의 문제가 됩니다.

여러분은 '과제의 난이도가 동일할 리 없잖아?'라고 생각하시겠죠? 물론 그런 부분이 있습니다. 소득이 높아지면 자연스레 씀씀이가 다소 헤퍼지죠. 그리고 한번 높아진 소비 수준은 줄이기가 어렵습니다. 그렇게 생각하면, 월 삼백만 원을 버는 사람은 이미 소비 수준이 어느 정도 높아져 있을 테니 줄이기가 쉽지 않다는 게 맞는 얘기일 것입니다.

그런데 그건 하나만 알고 둘은 모르는 소리입니다. 동기부여의 문제로 돌아와서, 월 삼백만 원 버는 사람이 육 개월 동안 소비를 백오십만 원 이하로 줄이면 구백만 원을 손에 쥐게 됩니다. 월 이백만 원 버는 이는 같은 시간에 삼백만 원밖에 모으지 못합니다. 월 삼백만 원 버는 이가 '그래, 육 개월 바싹 허리띠 졸라매면 천만 원을 모을 수 있어'라고 판단한다고 칩시다. 이보다 강력한 동기부여가 어디 있겠습니까? 반면 이백만 원 버는 이는 '평생 이렇게 월 백오십밖에 못 쓰고 살아야 하나…'라는 생각이 들어 자주 자괴감에 빠질 것입니다. 그러다 보면 참다못해 지름신이 강림하거나 그 정도까진 아니더라도 '이번 달은 포기하자. 한 달만 쉬어 가자'가 될 겁니다. 사람이 속이 뒤집어지고 욱해서 지르는 소비 패턴 때문에라도 월수입이 적을수록 이 전략을 지속하기가 어렵습니다.

그러니 평균수입이 월 백오십만 원밖에 안 되는 이들에

게 소비를 백이십만 원 이하로 줄이고 월 삼십만 원씩이라도 저축하고 재테크해야 한다는 말이 무슨 의미가 있겠습니까? 게다가 저 정도 평균수입이면 최저임금도 안 되는 수준이라 수입 자체가 들쭉날쭉할 텐데 말이죠. 그런 상황에서 지출을 줄여서 돈 모으자고 했다가는 정신건강이 망가집니다. 우울해져서 정신과에 가게 됩니다. 무엇보다 그렇게 해서는 미래를 대비할 수가 없습니다.

결론은 이렇게 됩니다. 살면서 형편이 나아지려면, 점점 더 넉넉한 경제 상황을 만들려면, 결국엔 소득이 높아져야 합니다. 그런데 소득은 어떻게 해야 높아질 수 있을까요? 소비를 아껴서 높아질까요? 잘살고자 하는 사람은 아직 소득이 낮은데 그 낮은 소득에서 모아 봤자 푼돈이죠. 거기서 억지로 돈을 아끼면 장래에 소득이 높아질 가능성이 오히려 차단됩니다.

같은 돈을 써도 남과 달라야 합니다

그러니까 다음 두 가지를 챙기세요.

첫째, 결국엔 소득이 상승해야 잘살게 된다. 소비를 아껴서 푼돈 모아 잘살게 되는 것이 아니다.

둘째, 앞으로의 소득을 높이려면 소비를 무작정 줄일 게 아니라, 소비의 구성을 바꿔야 한다.

첫 번째 원칙은 일반론이니까 이해만 하시면 됩니다. 그러면 돈 관리의 방법이란 건 뭐냐, 남는 건 뭐냐, 두 번째를 실행하기 위한 구체적인 실전지침인 것입니다. 소비의 구성을 바꾸는 법, 다르게 말하면 소비를 투자화하는 방법을 제가 설명드리겠습니다. 이 부분 중점적으로 설명드리고, 우리 사회에서 젊고 돈 없을 때 꼭 알아 두면 좋을 몇 가지를 더 설명드리고 이번 장을 마치겠습니다.

답은 소비의 투자화입니다. 소비를 투자화한다는 것은 무슨 말일까요. 투자와 저축의 차이는 제가 생각할 때는 이런 겁니다. 저축은 오늘 저축하고 내일 돈을 빼더라도 그 돈이 나옵니다. 한 달 뒤에 빼더라도 그 돈이 나오지요. 약간씩 이자가 붙겠지만 큰 차이 없이 차곡차곡 쌓입니다. 그래서 저축이란 건 그래프가 우상향을 그리는 활동입니다.

반면에 투자란 건 그래프가 계단식입니다. 즉 기다리는 시간이 필요하다는 겁니다. 투자는 무조건 내가 돈을 쓰면 결과가 나올 때까지 기다려야 합니다. 그런데 보통은 그 기다리는 걸 못 합니다. 넣자마자 결과가 팍 뜨는 건 대체로 투기적인 것들입니다. 가령 증권회사 다니는 친한 친구가 있어서, 오늘 아침에 누가 어느 주에 작전 들어갔다는 말을 제게 했다고 칩시다. 그 말 듣고 주식 들어가면 그게 터질 때도 있고 안 될 때도 있죠. 잘되면 금방 팔아서 일정 액수 돈이 들어오고 좋은 기분에 술 한잔 마시는 것이죠. 그보다 더 들어

오면 집 냉장고 바꾸는 거고요. 기분 좋을 겁니다. 나쁜 일은 아니죠. 대신 안 되면 백만 원 허무하게 날리는 겁니다. 그런 식의 일이 반복됩니다. 반복되지만 쌓이는 건 없죠. 투자는 그런 게 아니라 기다림이 있는 활동입니다. 경제학에선 투자와 투기를 개념적으로 구별할 방도가 딱히 없는데, 저는 우리가 맞닥뜨리는 현실 속에서 말씀드린 겁니다.

말씀드렸다시피 투자는 계단식 그래프를 타는 경우가 많습니다. 투자를 통한 상승을 경험해 본 사람은 그 사실을 알기 때문에 더 잘 기다릴 수 있습니다. 그런데 대부분의 사람들이 이십 대나 삼십 대 때는 그 경험을 해 보지 못하고 사십 대, 오십 대가 됩니다. 저축과 투기만 거듭하다가 나이를 먹습니다. 그러면 굉장히 보수적이게 되고, 안정지향적인 삶만을 추구하는 사람이 됩니다. 투기로 먹어도 보고 잃어도 봤는데, 세월이 지나서 생각해 보면 본전이면 다행이고 잃는 경우가 더 많으니까, 투기는 물론 투자까지도 쳐다보지 않겠다는 심리가 됩니다. 실제로 많은 사람들이 그렇게 살고 있습니다. 특히 샐러리맨들이 그렇습니다. 사업하는 이들은 본질적으로 투자를 하고 있는 것이지만, 샐러리맨들의 일은 투자활동이 아니기 때문이죠.

그렇다면 소비에 대해선 뭘 어째야 하는 것일까요? 사실 이에 대해서는 제가 앞에서 계속해서 설명을 드렸습니다. 제가 인간관계 편에서 기회는 사람에게서 온다고 계속해서 말씀드렸던 것 기억하시죠? 그러면 돈 관리, 소비란 것도 그 관점에서 재구성되어야죠. 그게 제가 말하는 소비의 투자화입니다. 돈 관리 관점에서 다시 접근해 본다면, 핵심은 소비를 통해서 내가 어떤 기회를 잡아야 한다는 겁니다. 기회는 사람에게서 옵니다. 물론 돈도 필요합니다. 사람이 기회를 줘도 종잣돈이 받쳐 주지 않으면 활용할 수 없으니까요. 종잣돈의 가치에 대해선 5장에서 설명드렸지요?

흔히 우리가 소비를 줄일 때 어떻게 합니까? 가계부를 씁니다. 요새는 가계부 앱도 좋은 게 많아서, 하나하나 기록하지 않아도 되는 것들이 있습니다. 그것들을 어떻게 나눕니까? 공과금, 식사 및 유흥, 뭐 이런 식으로 범주화해서 나누지요? 저는 그렇게 나누는 것은 의미가 없다고 봅니다. 제 친구들과 후배들 중에서 돈 아껴 보겠다고, 혹은 소비의 구성을 바꿔 보겠다고 그런 식으로 썼는데 결국엔 이렇게 쓰는 게 대체 무슨 의미가 있는지 모르겠다는 결론에 다들 도달하고야 맙니다. 아무리 적어도 도움이 안 되는 것이죠.

이렇게 나눠 봅시다. 그러니까 영역별로 나누는 게 아니라 개념적으로 나누는 거예요. 우리 생활에 비추어서. 먼저 '기계적 소비'가 있습니다. 여러분들 밥 드시는 거, 핸드폰 비 내는 거, 기계적으로 내는 거 그거 줄이기도 힘들어요.

충동적인 지출은 참지 말고 관리합시다

두 번째로 '잉여적 소비'가 있어요. 예를 들어 술을 한잔 마셔도 그날 2차 가서 한잔 더 사잖아요? 그건 잉여적 소비예요. 그런데 저는 잉여적 소비도 무조건 줄여야 된다고 생각하지는 않아요. 통제를 하는 것이 중요한 거죠. 재무설계사들이 흔히 하는 말로, 무심코 먹는 커피값을 줄이면 한 달이면 얼마를 모으고 일 년 또는 십 년이면 또 얼마를 모을 수 있다는 얘기가 있습니다. 물론 커피를 무심코 너무 많이 마시는 사람도 없지는 않죠. 그런데 그걸 비용으로 적어 놓고 줄여야 한다고 말하는 건 사태의 핵심은 아니죠. 말 그대로 그걸 아껴서 얼마를 모으겠습니까? 그리고 직장인은 졸려서 마시는 경우도 많잖아요. 이 경우엔 커피라는 게 잉여적 소비보다 기계적 소비에 더 가까울 수도 있습니다. 설혹 잉여적 소비라 할지라도 너무 심하게 안 하는 것이 중요한 것이지 무조건 없애는 게 중요한 건 아니죠. 좀 더 잉여적 소비에 가까운 예를 들면 사고 싶었던 시계를 좋은 걸로 하나 샀다는 사례가 있겠죠. 내가 오메가 시계가 너무 사고 싶었는데, 그래서 적금 열심히 부어서 혹은 연말에 회사에서 보너스가 많이 나와서 삼백만 원짜리, 혹은 오백만 원짜리 하나 샀다, 이러면 기계적 소비가 아니라 잉여적 소비죠. 감정적 소비 또는 과시적 소비라고도 표현할 수 있겠죠. 이건 본인만이 알 수 있습니다. 오메가 시계 얘기는 그래도 월급 따박따박 들어오는 사람들에 관한 얘기고, 그만큼 벌이가 없는 친구들의 경우에도 뭐가 기계적 소비인지, 그리고 뭐가 잉여적 소비인지는 찬찬히 생각해 보면 구별할 수 있습니다. 상황에 따라 자기 기준이 생기지요.

그리고 아까 제가 '지름신'이니 얘기를 했지만, 사람에게는 그런 욕망도 엄연히 존재하는 겁니다. 있으니까 무조건 거기에 굴복하란 건 아니지만, 그건 비합리적인 소비니까 그냥 무작정 참으라는 조언도 하나마나한 것이란 거죠. 사실 하고 싶은 대로 못하고 살면 그런 욕망이 생기게 됩니다. 그럼 그 욕망을 '싸게 길들이는' 게 우리가 해야 할 일이 됩니다. 무작정 억누르다 보면 크게 터져요. 정말 세게 지르게 되고, 지른 내역서를 보고 헉, 소리가 나오게 됩니다.

원룸에 사는 친구들이 종종 그런 얘기를 해요. 자꾸 생활용품점에서 쓸모없는 물건을 사는 나 자신이 싫다고요. 저는 다른 생각입니다. 그거 완전히 건전한 겁니다. 생각해 봐요. 돈이 없으니까 제대로 된 쇼핑을 할 수 없습니다. 그래서 그 억눌린 욕망을 생활용품점에 가서 천 원, 이천 원짜리 물건 몇 개 사고서 푸는 겁니다. 그래 봐야 만 원 돈밖에 안 나와요. 만 원으로 스트레스 푼 겁니다. 그건 노래방 간 비용, 술 마신 비용으로 생각해야 합니다. 그런데 소비의 욕망은 노래방 가고 술 마시는 것과는 다르거든요. 그렇게 싸게 처리했다고 생각해야 합니다.

그렇게라도 관리하지 않으면 어떻게 되냐는 말이죠. 갑자기 몇 십만 원, 몇 백만 원 들어왔을 때 그걸로 건설적인 일을 하지 못하고 허튼 데에 크게 쓰게 됩니다. 왜냐고요? 그동안 맺힌 게 많으니까요. 그러고 나서 또 자책합니다. 그럴 바에야 맺히는 것 없이 미리 싸게 관리하는 게 차라리 잘하는 겁니다. 우리는 대부분 비슷비슷합니다. 언제나 합리적으로 판단해서 자제할 수 있는 성인군자가 아닙니다. 그렇지 않다는 전제에서 욕망을 싸게 해소하며 그럭저럭 대처해 가는 겁니다.

세 번째로 뭐가 있냐면 '관계적 소비'가 있어요. 친구랑 만나서 밥 사고, 친구나 지인에게 생일선물 하는 데 쓰는 그런 비용입니다. 친구 만나서 밥 안 먹을 수 없잖아요. 이런 거 줄여서 저축해라? 지금까지 제가 말한 바에 따르면 그렇지 않지요? 절대로 그러시면 안 됩니다. 이걸 아껴서 저축하면 절대 안 되고, 오히려 관계적 소비를 제대로 하셔야 합니다. 근데 친구 만나서 술 샀는데 2차 가서 크게 샀다, 그건 관계적 소비가 아니라 잉여적 소비가 되겠죠. 제가 강연을 가면 이 부분에서 사람들이 웃습니다. 왜 웃느냐하면 본인들이 안다는 겁니다. 남들이 정해 주지 않아도 '아, 이건 잉여적 소비지…'라고 본인들이 안다는 것이죠.

네 번째로 뭐가 있냐면 '자기계발적 소비'가 있습니다. 말씀 안 드려도 아시겠죠. 예를 들어서 업무와 관련된 학원을 다닌다든지, 자격증을 딴다든지 아니면 외국어 공부를 한다든지 뭘 하든. 아니면 하다못해 마술을 배운다든지. 흔히들 배우라고 추천하는 것이 아니라도 뭐라도 배우면 자기계발입니다. 그걸 활용해서 득을 볼 일이 장기적으로는 생깁니다. 저는 가장 안타까운 삶이 집과 직장을 의미 없이 반복해서 왔다 갔다 하는 거라고 생각해요. 어떻게 해서든, 대단한 것이 아니더라도 쉬지 않고 자기 스스로에게 무언가를 해 줘야 한다고 생각합니다.

나를 위해서, 내 주변에 투자합시다

이제 제가 무슨 말을 하려고 하는지 어느 정도 감을 잡으셨을 겁니다. 소비 자체는 나쁜 것이 아닙니다. 소비의 구성과 소비에 집중할 분야를 바꿔야 하는 것입니다. 당연히 '관계적 소비'와 '자기계발적 소비'의 구성비를 늘려가야 하는 것이죠. 또한 저는 '기계적 소비'도 당연히 많이 줄이기 어렵지만, '잉여적 소비'도 완전히 없앨 수는 없고 어느 정도 선에서 적절히 관리해야 하는 평범한 욕망이라고 말했습니다. 중요한 건 구성입니다. 당신의 소비에서 미래에는 나아지겠다는 의지가 느껴져야 합니다. 그 의지는 '관계적 소비'와 '자기계발적 소비'의 비중에서 나타나는 겁니다. 거기에 투자하는 사람은 몇 년 후에는 그렇지 않은 사람과 다를 수밖에 없습니다. 그것이 바로 소비의 투자화입니다. 소비활동이 미래의 소득을 높이는 터전이 되는 것이지요.

지금껏 제가 말씀드렸던 메시지를 한 번 더 생각해 보죠. 우리는 사람에게서 기회를 얻어야 합니다. 사람들과 호의를 주고받으면서 기회를 잡아야 합니다. 그러려면 여러분이 다른 사람에게 실제로 도움이 되는 사람이어야 합니다. 사람에게서 기회를 잡으려면, 여러분이 뭔가를 알 줄 알아야 하는 것이죠. 그래야 호의도 주고받을 수 있는 것이죠. 남에게 도움이 되는 무언가가 있을 거 아니에요. 이게 관계이며 자기계발입니다. 그렇게 살려면 돈 관리에서도 '관계적 소비'와 '자기계발적 소비'에 예산을 책정해야 한다는 지극히 당연한 얘기입니다.

한 번에 변하기가 어렵다고 생각할 수 있습니다. 그럴 때엔 스스로 예산을 책정하고 그만큼 쓰겠다, 다 쓰지 못해 남으면 차라리 버려 버리겠다, 이런 각오로 예산을 짜서 써 보세요. 선물의 중요성에 대해 3장에서 설명드렸는데, 선물이야말로 전형적인 관계적 소비 아닐까요? 우리나라 사람들은 밥이나 술은 잘 사는데 이 부분에서 약해요. 그러니까 선물하는 사람이 돋보입니다. 선물을 받으면 다들 좋아합니다. 고마웠던 사람들, 본인에게 아주 약간이라도 기회를 줬던 사람들에게 선물을 보내세요. 소액이라도, 자필의 편지를 동봉해서요. 다 드렸던 얘기죠? 명절 선물이나 생일 선물은 너무 많으니까, 차라리 도움받은 그 순간에 주는 게 더 낫다고도 말씀드렸죠. 거기에 소모되는 돈이 관계적 소비죠.

그리고 자기계발적 소비는 무엇인지 더 분명하지 않겠습니까? 뭐가 됐든 준비를 해야 하는데, 거기에 본인 계획이 있어야 합니다. 그리고 본인 계획을 주변 사람들에게 말하고 다니란 말씀도 드렸습니다. 내가 노력을 하는 것도 중요하지만, 내가 노력을 한다는 사실을 남들이 아는 것도 중요합니다. 그리고 실제로 내가 남에게 도움이 되어야 합니다. 그러기 위해 들이는 돈이 자기계발적 소비가 되겠죠.

이렇게 말하면 어느 삐딱한 분들은, 나는 너무 가난하기 때문에 주변에 그런 기회를 만들 인간관계가 없다고 합니다. 그건 당연한 겁니다. 부유하게 태어나면 지금 말씀드리는 것들이 이미 기본값으로 주어져 있을 테니까요. 추격이라는 건, 내게 그런 게 없으니까 인위적으로 비슷하게 만들어 보자는 겁니다. 내 인간관계에 도움이 되는 사람이 많지 않은데,

잘사는 사람들은 그 바깥에 있는데, 자기 생활에서 만나는 그나마 도움 될 만한 사람들에게도 접근하지 않고 어떻게 추격할 수 있겠어요? 그런 사람들에게 접근하기 시작하면 그런 사람들 주변에 또 다른 사람들이 있습니다. 그렇게 가는 겁니다. 부잣집에서 태어나지 않았으니까 더 노력해야 한다는 말이 틀린 말이 아닙니다. 여튼 다행인지 불행인지 부유한 집 자녀들 중에서는 본인들의 이점을 충분히 활용하지 못하고 허비하는 경우가 굉장히 많습니다. 아직까지도 한국 사회는 계층 이동이 빈번한 사회입니다. 우리 모두에게는 아직도 기회가 있습니다.

계획과 관리의 주체가 됩시다

스무 살 이후엔 되도록 빨리 돈 관리의 주체가 되어야 합니다. 최근에 주위를 보면 집이 그렇게까지 잘사는 게 아닌데도, 그러니까 부모님 덕을 크게 볼 수도 없는데도, 스물이 넘고 서른이 넘어도 어떤 부분은 부모님에게 의지하느라 자기 돈 관리를 제대로 못하는 사람들이 많아요. 오히려 잘사는 친구들은 부모님에게서 받은 돈을 자기가 굴려 보기도 하는데 말이죠.

앞에서 지인들에게 돈 빌리는 방법에 대해서 말씀드렸지만, 금융거래도 해 봐야 합니다. 그래야 세상물정을 알게 됩니다. 1금융권과 2금융권의 차이도 알아야 하고, 신용등급이 어떨 때 오르고 어떨 때 내리는지도 알아야 합니다. 무엇보다 카드론을 함부로 쓰면 안 된다는 사실도 알아야 합니다. 1금융권 은행 이름을 달고 있는 카드회사 대출이 신용등급 하락의 주범이거든요. 2금융권보다 못한 취급을 받습니다. 이런 건 실제로 본인이 돈을 빌려 보거나, 그렇게 해 보려고 하는 상황에서 주변에서 조언을 들어 봐야 알 수 있습니다.

나는 부모가 돈이 없고 월급이 많지 않으니까 월세밖에 못 사는 인생이다, 이렇게 체념하면 안 됩니다. 우리나라는 전세 관련 대출 제도가 굉장히 잘 되어 있습니다. 그리고 고연봉이 아니더라도 보통 정규직 육 개월이면 신용대출을 받을 수 있습니다. 중소기업 관련 우대상품, 청년 우대상품, 신혼 부부 우대상품들이 있습니다. 이런 것들을 잘 활용하면 한국 사회에서 그럴듯한 전셋집에 사는 게 아주 어려운 일도 아닙니다. 전세까진 아니더라도 보증금 높은 집으로 가면서 월세 낮추는 게 어려운 일 아닙니다. 저금리로 대출해 줍니다. 그런데 그런 걸 알려면 본인이 직접 고민해야 합니다. 부모님 품을 벗어나 본인이 내 가계의 주체다, 내 돈 관리의 주체다, 이렇게 생각하면서 시작됩니다. 성인이 되었는데 아직 그걸 시작하지 못했다면 먼저 그것부터 시작하도록 합시다.

한국에서 그렇게 많지 않은 월급으로도 전세도 살 수 있고 차도 살 수 있고 다 할 수 있습니다. 그렇게 못 산다는 사람들 말 믿지 마시고, 언론에서 사회문제 드러낼 때는 가장 안 된 사례들을 들이밀기 마련이니까 그런 거 보고 좌절하지 마시고, 실제로 뭘 할 수 있는지 뭘 활용할 수 있는지 찾아보면 답이 나옵니다. 그러니까 일단 무엇이든 해 보려고 합시다. 독립해서 뭘 해 보려고 합시다. 그러면 방법이 눈에 보입니다.

7장

시간을 요하는 것들

저는 사실 종교적인 사람입니다. 먹고사는 문제를 어느 정도 정리하면 신학 공부를 하겠다는 꿈을 계속 간직하고 삽니다. 그래서 성숙에 관한 얘기도 하고 싶었습니다.

성숙은 숙성과 비슷한 것이다

저는 우리 대부분에게 성숙에 대한 욕망이 있다고 생각합니다. 일단 돈을 벌자고 했지만 돈을 벌고 싶은 것도 무언가 다른 이유가 있는 것이지요. 그걸 한 단어로 말할 수 있을 정도로 본인의 입장에서 정리가 되었느냐, 정리할 어휘가 있느냐는 다른 문제겠지만요. 쉬운 어휘로 써 본다면 잘 사는 것, 멋있게 사는 것, 사람답게 사는 것 등 여러 가지로 표현할 수 있다고 생각합니다. 그런데 본인이 생각하는 잘 산다는 게, 멋있게 산다는 게, 사람답게 사는 모양이라는 게, 남들 보기에도 눈살 찌푸려지지 않는 어떠한 상태라고 한다면, 그런 게 저는 바로 성숙이 아닐까 합니다. 우리는 일단 사람 몫을 해 가면서 본인이 점점 더 성숙하기를 바라는 거겠죠.

성숙이란 말을 거꾸로 하면 숙성입니다. 양념을 만들어 놓고 일주일 정도 냉장고에 넣어 숙성을 시키죠? 얼핏 보면 숙성시키기 전과 후가 다를 게 없습니다. 같은 재료와 양념을 다만 섞어서 며칠 더 놔둔 것뿐입니다. 그런데 먹어 보면, 숙성하지 않고 바로 요리해서 먹으면 거기 들어간 재료들이 따로 노는 느낌이 난단 말이죠. 고춧가루 맛, 소금 맛, 설탕 맛이 따로 나는 거예요. 그런데 숙성시키면 재료 맛이 합쳐지면서 제대로 된 양념 맛이 납니다. 한 덩어리가 되는 것이죠. 제가 생각하는 성숙이란 건 이런 겁니다. 아는 것, 그런데 그 아는 걸 몸으로 체득하는 것, 그리고 내 몸으로 체득한 그것을 말로 풀어낼 수 있고 적재적소에서 적용할 수 있는 것, 이것이 성숙입니다. 많은 경험을 통해서 많이 느끼고 깨지기도 하고 주위 사람들의 잘되는 모습과 어려운 모습을 보면서 하나씩 체득해 나간 본인의 지혜의 집적입니다.

좀 더 비유를 이어나가 볼까요? 양념이란 건 나 스스로가 되고 싶은 나입니다. 일종의 이상적 자아죠. 그리고 재료는 나 자신이겠죠. 몇 번 실천한다고 해서 양념이 내게 깊이 배지 않습니다. 지속적으로 실천을 해야 나에게 내가 바라는 그 양념 맛이 배게 됩니다. 그런데 이렇게 되면 놀라운 것이, 같은 양념을 실천하더라도 나는 다른 인간이 됩니다. 왜냐하면 나라는 재료의 독특함이 있기 때문입니다. 우리 시대의 사람들은 너무나도 독특함을, 창의성을 추구하는 강박에 사로잡혀 있다고 생각합니다. 그래야 할 필요는 없습니다. 우리 대부분은 특별한 종류의 천재가 아니기 때문입니다. 하지만 우리가 어떤 평범한 교훈, 평범한 탁월성을 추구하고 그 양념이 우리에게 배다 보면, 다른 사람들에겐 우리가 독특한 개인이 되는 것입니다. 왜냐하면 양념이 같아도 여러분 제각각은 다소 다른 사람들이니까요. 재료가 다소 다르니까요. 역설적으로 독특함과 창의성이란 것도 그렇게 기초적인 것에 본인을 맞춰 가는 과정에서 생겨나는 것이라고 생각합니다.

성숙을 배우기가 더 어려운 세상이 되어 버렸습니다. 예전에는 학교에서든 직장에서든 선후배 사이에 끈끈한 유대관계란 게 있었지요. 이게 꼭 좋은 면만 있는 것은 아니며, 여러 폐해가 있었다는 사실에는 동의합니다. 그런데 성숙이란 게 보통 연장자와의 상호작용에서 이루어지는 경우가 많은 것도 사실입니다. 연장자라고 좋은 사람만 있는 건 아니라 반면교사라는 것도 있습니다. '이런 꼰대가 되지 말아야

지' '나는 나이를 먹으면 이렇게 되지는 말아야지' 하면서 배운 것도 많습니다. 그리고 그렇게 싫어하는 선배들이라 하더라도 내 또래들은 가질 수 없는 어떤 성숙함이 주는 멋이 그 사람들에게 있다는 걸 느끼고, 그 사람들의 단점은 제하면서 저걸 모방할 방법은 없을지 고민해 볼 수도 있었습니다. 하지만 요즘은 이런 관계 자체가 매우 드물어진 것 같다는 생각이 듭니다.

저는 이것 자체를 문제라고 생각하지는 않습니다. 하지만 성숙을 배우기 위한 경로 하나를 차단했다면, 다른 경로를 생각해야겠지요. 그 길까지는 제가 쉽게 제시할 수는 없을 것 같아요. 보통 본인 삶의 경로 속에서, 소소한 경험 속에서 성숙하는 것이 인간이니까요. 다만 그 성숙이란 것의 내용이 대략 무엇인가를 말씀드리면 생활 속에서 그걸 느껴나가는 자신을 발견하기가 더 쉬울 거라고 생각합니다.

전화위복을 이해하기

저는 성숙이란 것은 전화위복을 이해하는 것이라고 생각합니다. 이게 매우 역설적인 것이죠. 우리는 지금 삶을 똑똑하게 개선하는 방법을 탐구하는 중입니다. 그런데 이 계산이 인생에서는 단순한 산수가 아니라는 걸 이해해야 합니다. 보드게임이나 컴퓨터게임을 한다고 생각해 봅시다. 점수를 잃은 것은 잃은 것이죠. 마이너스가 플러스로 바뀌는 일은 없습니다.

어떠한 게임도 인생사에 만연한 전화위복을 표현하지는 못하는 것 같아요. 이 점을 이해하는 게 중요합니다. 이건 결국 나이를 먹고 부침을 겪으면 알게 됩니다. 하지만 젊었을 때 깨닫는다면 훨씬 더 여유롭게 처신할 수 있고, 성공 확률을 높일 수 있을 겁니다.

제 경우에도 삼십 대 중반부터 전화위복이란 말이 어떻게 작용하는지를 느끼게 되었던 것 같습니다. 손해나 피해, 화를 입었다고 생각했던 것이 오히려 기회가 되는 일이 허다하고, 완전히 거저먹었다고 생각했던 기회들이 발목을 잡아서 화가 되는 일이 생각보다 많이 일어난다는 사실을 깨닫게 됐습니다. 보통 삼십대 중반이 되기 전에는 느끼기가 어려울 거라고 생각합니다. 이를테면 제 경우엔 십 년 동안의 세일즈 경험이, 집이 가난하고 대학 졸업 후 전망이 없고 돈도 없어서 가게 된 피치 못할 길이었지만, 인생에서 얼마나 큰 자신감을 주는지 모릅니다. 지금 하는 사업이 망해도 충분히 재기할 계획을 짤 수 있다고 스스로 믿는 커다란 발판입니다.

결국 삶에는 다양한 방식이 있어서, 보드게임에서 가산점과 감산점을 계산하는 방식으로는 구현할 수 없는 여러 영역이 있고 심지어 그게 계속 변화한다는 것이 핵심입니다. 조건이 약간만 바뀌면 명백히 장점이라 생각했던 것이 약점이 되고 약점이라 생각했던 것이 장점이 됩니다. 남들이 천하에 쓸모없는 짓이라고 비난했던 것이 저만의 필살기가 되기도 합니다.

이렇게만 들으면 단지 운인 것만 같지요? 하지만 그렇지 않다는 것이 또 하나의 다른 핵심입니다. 더 나아지기 위해, 돈을 벌기 위해 노력을 하되, 그 수단과 방편에 대해서는 전화위복의 원리를 생각해 넓게 열어 두고, 단기간의 손실이나 손해라 생각되는 일에 크게 연연하지 않고 본인의 계획을 가지고 나아가면 나 자신이 점점 나아지면서 전화위복의 덕을 볼 확률이 높아진다는 것이 핵심이라고 생각합니다.

이건 베팅의 기술이지 성숙이 아니지 않느냐고요? 그렇게 볼 수도 있겠지만 저는 상당 부분 연결되어 있다고 합니다. 왜 사람은 성숙해질까요? 왜 사람은 넉넉해질까요? 자기 잘난 맛에 혼자 분투하거나, 패 좋은 데에 걸어서 돈 따는 것만이 다가 아니란 걸 알기 때문입니다. 함부로 싸움을 벌이고 적을 만들어서는 안 됩니다. 지금 내 주변에서 별로인 인물들이 나중에 뭔가 한몫을 잡고 나를 도와주거나 밀쳐 낼 수 있는 위치에 올라갈 수 있습니다. 전혀 예상도 하지 못했던 이들이 부자가 되거나 출세하는 경우를 보게 됩니다. 정말로 그렇습니다. 부모와 선배들이 말씀하신 성공의 공식이란 게 무의미한 것인가 하고 한탄하게 될 정도로 그런 일이 꽤나 일어납니다. 여러 사람들에게 좋은 인상을 주려면 결국 내가 여러 사람을 실제로 위하는 마음을 가져야 합니다. 그래야 전화위복을 많이 경험하게 될 확률이 높아집니다. 운을 내게로 끌어들이는 마음가짐이라고 볼 수 있겠습니다.

작은 결과에 연연하지 않는 태도가 더 큰 성공을 이끌어줄 수 있다고 믿는 것, 그러한 믿음 덕분에 여러 사람들에게 결과에 연연하지 않고 주변 사람들에게 선의를 베푸는 사람으로 인지되는 것, 그것이 저는 성숙의 큰 부분이라고 생각합니다.

이게 다만 이해타산적인 태도라고 치부할 것은 아니라고 생각합니다. 고전시대의 윤리교육 중에서는, 이를테면 아리스토텔레스가 덕에 대해 말하던 방식이라든지, 그리고 전통사회 어르신들이 본능적으로 했던 것 중에도 비슷한 것들이 있습니다. 좋은 일을 의무로 강요하는 것이 아니라, 좋은 일을 하면 기분이 좋아지고 좋은 결과가 나올 수 있다는 확신을 쌓게 한 방식에 해당합니다. 그렇게 학습되면 우리는 자연스럽게 나쁜 일을 멀리하고 좋은 일을 하게 되는 것이죠. 바로 그렇게 나라는 재료에 사람들이 좋아하고 내가 성공하기 쉬운 양념이 내게 깊이 배게 하는 것, 그것이 바로 숙성이며 곧 사람의 성숙이라고 저는 생각합니다.

정치에 대한 관심도 나쁘지 않습니다

앞부분에서 정치를 통한 사회 개혁이 개인의 삶에 대한 직접적인 대안은 될 수 없다고 말했었지요. 정치 영역은 공공재이며, 배제성과 경합성이 없기에 각자의 삶에 결정적인 도움을 주지 못한다고 했습니다.

그런데 최근 상황을 보면 정치에 대한 관심이 너무 양극화되어 있는 것 같습니다. 거기에 너무 몰두하는 이들은 심하게 몰두하고, 그렇지 않은 이들은 아예 정치에 대해 말하는 것을 터부시하는 그런 상황이 아닌가 하는 생각도 듭니다. 혹은 인터넷에서 한 정치적 당파의 생각에 쉬이 의탁하고 처음부터 끝까지 그들과 비슷한 소리를 하는 것으로 정치적 견해를 표시하기도 하지요.

이런 상황은 사회 전체적으로 별로 좋은 일은 아닌지라, 줏대를 가지고 정치적 견해를 형성하는 게 인생에서 어느 정도 필요하다는 말도 해야겠습니다.

자기 생각이 있어야 합니다. 정치 얘기를 하는 커뮤니티에서 어디를 가든 젊은 친구들이 각광받고, 예쁨받는 이유는 선배들이 생각하지 못했던 예리하고 좋은 질문을 던질 줄 알아서입니다. 물론 본인에게 그럴싸한 생각이 떠오르지 않는다면 침묵할 수도 있겠지만, 그런 곳에서 형성된 인간관계는 다른 영역에 비해서 훨씬 쉬이 신뢰관계를 구축할 수 있습니다.

너무 함몰되지만 않는다면 정치적 관심을 통해 구축한 인간관계는 비즈니스 관점에서도 나쁘지 않습니다. 또한 그런 모임에 나가서 귀동냥한 것들을 SNS에 남길 수 있다면, 여러 사람들에게 자기 자신을 진솔하게 드러낸 것으로 평가받고 비슷한 성향의 사람들에겐 쉬이 호감을 이끌어 낼 수 있겠지요.

저도 이십 대 초반에 노사모, 즉 2001년에서 2002년까지 고 노무현 전 대통령을 당선시키는 데 일조했던 커뮤니티에서 활동을 열심히 했습니다. 그 후 잠깐 민주노동당에 입당

했다가 실망해서 탈당하기도 했지만, 인권단체 앰네스티 활동은 무엇보다 꾸준하게 했습니다. 노사모 활동 등에 대해서는 이명박과 박근혜의 '잃어버린 9년' 동안 내가 한 일이 쓸모가 있었나 후회한 적도 있습니다. 하지만 결과적으로 다시 세상이 바뀌는 모습을 보면서 저도 밀알 하나는 놓은 것이 아닌가 하고 생각하게 됐습니다. 처음부터 그럴 생각으로 만난 것은 아닙니다만, 앰네스티에서 만난 분들 중에는 비즈니스에 도움을 준 분들도 대단히 많았습니다. 서로 간에 신뢰가 만들어지니까 다른 곳에서 하는 것과는 다소 다른 방식으로 쉬이 협력할 수 있었습니다.

정치에 대한 관심은 너무 젊을 때보다 나이가 들수록 더 진지하게 가지는 것이 자연스럽고 바람직한 것 같습니다. 하지만 젊은 시절에 너무 아무 관심도 없다면 나중에 줏대 있는 견해를 수립하기에도 어려움이 많겠죠. 그래서 일부러 억지로 관심을 가지려고 노력할 필요까지는 없을지라도, 본인이 관심이 있다면 적당히 조절하는 수준에서 활동하는 것도 괜찮다는 사실을 알아야 합니다.

그리고 정치적 관심이 있든 없든 소득 증대를 꾀하는 사람들은 우리 국가 공동체가 어떠한 기조로 어떠한 정책, 특히 어떤 경제정책을 펴는지를 관심을 기울여야 합니다. 그래야 내가 무엇을 하고 살아야 하는지, 어디에 인생을 걸어야 하는지, 무엇을 투자해야 하는지를 더 정확히 판단할 수 있습니다.

성숙도 몸의 문제입니다

비슷한 이유로 저는 교회 등 종교공동체에 나가는 것도 괜찮다고 생각합니다. 그런데 종교 문제의 경우 종교적 욕망이 있는 경우와 없는 경우가 뚜렷하게 나뉘고, 요즘은 후자의 경우가 더 많은 것 같아서 크게 권하거나 그러고 싶지는 않습니다. 인생에서 가끔 근본적이고 본질적인 문제에 대한 의문이 들 때가 있는데, 그걸 꼭 종교를 통해 해소하지 않아도 되는 유형이라면 종교를 억지로 만들 필요는 없습니다.

하지만 본인이 종교적 욕망이 있다면, 쉬이 어딘가에 나가게 되겠죠. 그런데 이 경우에는 두 가지를 기억해 두면 좋을 것 같아요.

첫째, 되도록 유명하고 보편적인 종교로 나가십시오. 무엇이 사이비이고 이단인지를 명확하게 판단하기는 어려우나, 역사가 오래되고 여러 사람이 믿는 종교가 여러분에게 피치 못할 위해를 끼칠 가능성이 훨씬 적습니다. 본인에게 종교적 욕망이 있다면, 종교행사에 나가는 것까지 어찌 할 수는 없겠으나, 되도록 큰 단체에서 활동하는 것이 좋겠습니다.

둘째, 본인의 삶에 너무 많은 요구를 하는 종교는 피해야 합니다. 이것 역시 비슷한데, 보통 유명하고 보편적인 종교들은 이런 요구를 하지 않고 평범한 삶을 살아가는 생활인들의 삶에 밀착해 있습니다. 그게 아니라 더한 헌신을 요구하는 종교는 되도록 다시 생각해 보고 피해야 하는 쪽이라고 생각합니다.

이런 판단을 내리는 과정에서도 성숙을 체험할 수 있을 거라고 생각합니다.

또 하나 중요한 것은 성숙도 몸의 문제이기도 하다는 걸 이해하는 것입니다. 이를테면 치매 환자를 생각해 보세요. 그 전에 제아무리 고매한 인격을 쌓았다고 해도 기억을 잃고, 사실상 인격을 잃고 동물적 욕망의 상태로 돌아갑니다. 성숙도 몸에 기반해서 이루어질 수 있습니다. 다만 돈의 문제만은 아니지요. 돈이 많더라도 건강을 잃었다면 신경질적으로 변하는 자신을 통제하기는 어려울 것입니다.

저는 아직도 담배를 피웁니다만, 건강을 위해서는 몸에 좋은 습관, 그러니까 운동 같은 것을 꾸준히 하는 것도 중요하지만 몸에 나쁜 습관, 흡연이나 과음 같은 것을 떨쳐내는 것이 더 중요할 수 있습니다. 나이를 먹을수록 신체적 컨디션이 본인의 정서에 얼마나 큰 영향을 미치는지를 더 절실하게 느끼게 됩니다. 젊을 때는 대체로 몸이 괜찮으니 못 느끼고 덜 느끼는 일일 뿐입니다.

체력관리의 중요성을 일찍 깨닫는 이들이 더 쉽게, 더 오래 성숙할 수 있습니다.

가정을 꾸려야 할까요?

저희 또래만 해도 연애 – 결혼 – 출산 – 육아가 보통의 사람들이라면 모두 추구해야 하는 삶의 목표였습니다. 지금은 그런 시대가 아닙니다. 그래서 젊은 친구들이 이 모두를 피하고 살겠다고 말한다 하더라도 제가 딱히 뭐라고 할 말은 없습니다.

다만 이런 부분은 있습니다. 과거에 이런 활동이 인간에게 어떠한 배움의 가능성을 열어 줬는지를 파악하고 나서, 그러한 배움을 겪을 다른 길은 생각해 봐야 하지 않겠는가 하는 생각이 듭니다.

물론 연애부터 출산까지를 모두 거치면서 아무것도 배우

지 못하는 사람들도 많습니다. 그러니까 하지 않았다고 해서 무언가가 결핍이 될 거라고 생각할 필요는 없을 것입니다.

하지만 연애는 사람에 대해 깊이 이해하는 방편이기도 합니다. 가족이나 친구와는 다르게, 비슷한 연령대의 동등한 사람이 서로의 밑바닥까지 드러내게 되는 체험을 하기 쉬운 것이 연애입니다. 연애를 싫어하는 심리에는 그러한 관계를 고통스러워하고 싫어하는 부분도 있다고 생각합니다.

그러나 저는 이런 일을 해 보면 인간에 대한 이해가 더 깊어지는 부분이 있다고 생각하고, 그래서 연애를 기피할 경우엔 그 점을 매울 수 있는 다른 방편을 찾거나 본인이 사람에 대한 이해도가 떨어질 수도 있음을 인정하고 처신하는 게 맞지 않는가 생각이 듭니다. 특히 연애를 할 경우 전혀 다른 세계인 남자와 여자의 세계를 뒤섞고 상대편의 논리를 이해하려고 애쓰는 체험을 하게 됩니다. 이 경험의 가치가 결코 작지 않습니다.

그 외 결혼이나 출산이나 육아는 책임감을 시험하는 부분이 있을 수도 있고, 많은 경우 그 과정에서 사람이 더 변하고 성숙하기도 합니다. 하지만 그렇지 않은 경우도 있는 것이고, 그러기나 말기나 이제 모든 사람에게 권장해야 할 표준적인 삶의 경로는 없는 그러한 세상이 되어 버렸습니다.

그래서 저는 오히려 이렇게 생각합니다. 꼭 가정을 꾸려야 할 필요는 없습니다. 그러나 그렇기에, 그 길을 피한다면, 혹은 피하지 않는다고 해도, 여러분 스스로 성숙해질 방법을 찾아야 합니다. 성숙을 위해 노력하고 계신가요? 다시 다소 이해타산적으로, 비즈니스적으로 뒤집어 봅시다. 여러분이 누군가와 일을 한다고 생각할 때, 성숙을 위해 노력하는 사람과 그렇지 않은 사람 중 누구와 함께 일하고 싶을까요? 일이 잘 풀리지 않고 본인에게 불리해지면 잠수를 타고 연락을 안 받을 사람과 동업을 할 수 있을까요?

성숙은 우리 삶의 목적이면서, 우리 삶을 호전시키기 위한 방편이기도 한 것입니다.

에필로그

불운에 속지 말라

봉준호 감독의 영화 〈기생충〉을 저도 감명 깊게 보았습니다. 저도 한때 반지하에 살았습니다. 그런데 원룸에 살다가 투룸으로 이사 간 곳이었는지라, 처음에는 대궐에 들어가는 줄 알았습니다. 물론 이후에는 눈높이가 나날이 높아졌지요. 가난이란 것, 인간의 만족이란 것이 얼마나 상대적인 것인지 뼈저리게 경험했습니다.

제가 흥미롭게 들은 대사는 기정이 외친 "민혁 오빠에게는 이런 일이 안 생기지!"란 말이었습니다. 혼란스러운 상황에서 기우가 "민혁이라면 이런 상황에서 어떻게 했을까"라는 중얼거림에 대한 앙칼진 답변이었습니다.

그렇습니다. 우리는 환경에 따라 다른 삶을 삽니다. 중산층 가정인 민혁이 겪지 않을 일을 기우와 기정은 겪습니다.

그런데 그 양상을 면밀하게 살펴보면, 민혁이 왜 그런 일을 겪지 않는지도 눈에 보입니다. 엄밀히 말하면 민혁은 '그런 일이 안 생기는 것'이 아니라 '그런 일이 생길 만한 무리한 일을 안 하는 것'에 가깝습니다. 그래서 냉정한 사람들은 기우의 발언은 물론 기정의 발언까지도 공정하지 않다고 볼 것입니다. 왜냐하면 민혁은 운이 좋았던 것이 아니라 책잡힐 일을 하지 않은 것이니까요.

환경이 좋은 사람들은 부모가 적극적으로 도와주지 않은 경우라 할지라도 환경이 나빴던 사람보다 어째서 성공할 확률이 높은 것일까요? 첫째로는, 무리한 일을 벌이지 않습니다. 둘째로는, 이 길이 옳다 싶으면 좋은 성과가 날 때까지 참을성 있게 잘 기다릴 수 있습니다. 물론 모두가 이러한 품성을 갖춘 것은 아니나, 환경이 어려운 사람들에 비해 상대적으로 그렇다는 것입니다. 〈기생충〉과 같은 극단적인 영화적 사례를 가져오지 않더라도, 간만에 생긴 공돈을 일확천금의 욕망으로 경마에 소모하지 않고, 본인이 생각하기에 나중에 오를 것이 분명하다고 믿는 주식을 샀다면 중간에 등락이 있더라도 수익이 실현될 때까지 진득하게 잘 기다린다는 것입니다.

환경이 품성에 영향을 미친다는 사실은 우리를 슬프게 합니다. 제가 이 책에서 던진 조언들에 대한 불평섞인 반응들에 대해서는 저도 잘 압니다. '저 같은 흙수저가 그런다고 잘 할 수 있을까요'가 그것입니다. 인간관계를 잘 구축하라고 해도 본인 주변에는 도움을 줄 인간관계가 거의 없다고 합니다. 부잣집 청년이 가진 인간관계와는 차이가 많이 나는 것이지요.

그러나 그렇기 때문에 더욱 실천적인 충고를 받아들여야 합니다. 부잣집 청년들에게는 자연스럽게 가져갈 수 있는 것들이, 그렇지 않은 우리에게는 노력해야 가져갈 수 있는 것입니다. 그리고 여러분이 안도하라고 말씀드립니다만, 부잣집 청년들 중에서도 본인들의 유리한 입지를 살피지 못하고 인생을 허비하는 이들이 수두룩합니다. 부자 부모라고 해서 교육학에 능통하지는 않기 때문에 그들을 제대로 계도하지 못한 경우도 흔합니다. 부자 부모는 본인이 가졌던 장점을 자녀도 당연히 가질 거라 기대하지만, 보통 가난에서부터 시작한 자신과는 달리 전혀 다른 환경에서 태어난 본인의 자녀들은 전혀 다른 방식으로 성장하게 되는 경우가 흔합니다.

투자의 세계에는 '행운에 속지 말라'는 격언이 있습니다. 성공의 역설을 경계하라는 말입니다. 본인이 성공한 방식을 굳게 믿고 답습하다가는 큰코 다치게 된다는 말입니다.

그런데 아직 투자와 상관이 없는 우리들에게는, '불운에 속지 말라'는 말이 더 적절하지 않은가 합니다. 투자는 계단식이기 때문에 진득하게 기다려야 한다고 제가 말씀드린 것을 기억하실 것입니다. 다만 기다리는 중에 우리는 실패를 겪을 수도 있습니다. 여러분이 올바른 길로 내딛는다고 해서 곧바로 결과가 나오는 것이 아닙니다. 여러 가지 상황이 여러분을 흔들 수 있습니다.

최악은 그럴 때에 자신의 방식을 바꾸는 것입니다. 올바른 길에서 벗어나 다시 손쉬운 수익실현의 길, 편법의 길로 돌아오는 것입니다. 불운을 견디지 못하고 정도를 내려놓는 것이 최악입니다.

그래서 제가 드려야 할 마지막 충고는 바로 이것이 되겠습니다. 불운에 속지 마세요. 여러분이 정도를 걷고 있다면 결과는 다소 느리더라도 따라나올 것입니다. 그 결과를 경험해 본 사람만이 정도의 길을 흔들리지 않고 걸어갈 수 있습니다. 짧든 길든 누구에게나 인고의 시간이 있을 겁니다. 불운이 닥칠 수도 있습니다. 하지만 조금만 더 기다리세요. 불운에 절대 속아서는 안 됩니다.

성공이 뭔지 몰라도 일단 성공하고 싶다

취업, 인간관계, 돈 관리에 서툰 90년대생들을 위한 인생 꿀팁

1판 1쇄 펴냄 | 2019년 9월 30일

지은이 | 김대영
발행인 | 김병준
편　집 | 이종배
디자인 | this-cover.com
마케팅 | 정현우 · 김현정
발행처 | 생각의힘

등록 | 2011. 10. 27. 제406-2011-000127호
주소 | 서울시 마포구 양화로7안길 10, 2층
전화 | 031-955-1653(편집), 02-6925-4188(영업)
팩스 | 02-6925-4182
전자우편 | tpbook1@tpbook.co.kr
홈페이지 | www.tpbook.co.kr

ISBN 979-11-85585-76-5 03190

이 도서의 국립중앙도서관 출판예정도서목록(CIP)은
서지정보유통지원시스템 홈페이지(http://seoji.nl.go.kr)와
국가자료종합목록시스템(http://kolis-net.nl.go.kr)에서
이용하실 수 있습니다.(CIP제어번호: CIP2019033624)